●セキュリティ
- □認証
  - □生体認証(バイオメトリクス認証)
- □ユーザID
- □パスワード
- □アクセス制限
  - □アクセス権
  - □不正アクセス
- □なりすまし
- □マルウェア
  - □コンピュータウイルス
  - □スパイウェア
  - □ワーム
  - □トロイの木馬
- □ウイルス対策ソフトウェア
  - □ウイルス定義ファイル(パターンファイル)
  - □ワクチンプログラム

(4)プログラムに関する知識

●アルゴリズム
- □手続きの基本構造
  - □順次
  - □選択
  - □繰り返し
    - □回数判定
    - □条件判定
- □流れ図(フローチャート)
- □トレース
- □データの入出力
- □算術演算
- □論理演算
- □表示・印字
- □変数
- □定数

(5)表計算ソフトウェアに関する知識

●表の作成
- □ワークシート
  - □セル
  - □行
  - □列
  - □行高
  - □列幅
- □セルの表示形式(, ¥ % 小数の表示桁数設定)

(右段)
- □セル内の配置
  - □文字位置
  - □文字方向
  - □セル結合
- □複写
- □移動
- □罫線
  - □細線
  - □太線
- □比較演算子(= > >= < <= <>)
- □算術演算子(+ - * / ^)
- □再計算
- □引数
- □相対参照
- □絶対参照
- □並べ替え
  - □キー項目
  - □昇順
  - □降順

●関数の利用
- □合計(SUM)
- □平均(AVERAGE)
- □最大値(MAX)
- □最小値(MIN)
- □順位付け(RANK)
- □判定(IF)
- □件数(COUNT COUNTA)
- □端数処理(ROUND ROUNDUP ROUNDDOWN)
- □文字列の操作(LEN LEFT RIGHT MID)
- □文字列の変換(VALUE)
- □日時(NOW TODAY)
- □関数のネスト(入れ子)

●グラフ
- □棒グラフ
  - □集合
  - □積み上げ
  - □100%積み上げ
- □折れ線グラフ
- □円グラフ(切り離し円)
- □レーダー(レーダーチャート)
- □行列の切り替え
- □体裁処理
  - □タイトル
  - □軸
  - □ラベル
  - □凡例

JN096342

本書の構成と使い方

　本書は「全商情報処理検定第3級」の合格を目指すみなさんが，検定出題範囲すべてにわたって十分に理解できるように編集しています。本書を活用して合格を勝ち取ってください。

Part I　基本操作編

　3級の範囲を学習する前に覚えておきたい，WindowsやExcelの基本操作を掲載しています。

Part II　Excel編

　3級の出題範囲である「表計算ソフトウェアに関する知識」に対応する，Excelの基本的な操作方法や考え方を学習できます。筆記問題，実技問題を解く上で必要な知識を，実践的に身につけてください。

　なお，本書はExcel 2016をもとに構成しておりますが，Excel 2019，Excel 2013でもつまずくことなく進められるように配慮しました。

◆例題と練習問題で確認◆

　3級の出題範囲に対応した操作手順を，具体的な例題で紹介しています。おもに筆記試験の【4】～【5】および【7】に対応した『筆記練習』と，実践を交えて習得する『実技練習』で手順を確認できます。

◆トレーニングで定着◆

　9題の練習問題を掲載しています。筆記試験の【7】および実技試験に対応した形式ですので，総合的な手順のおさらいや，検定前の確認にも最適です。

Part III　知識編

　3級の出題範囲の用語を，図や写真を用いて詳しく解説しています。おもに筆記試験の【1】～【3】および【6】の対策として，『筆記練習』も豊富に掲載しました。筆記問題を解く上で必要な知識を，着実に身につけてください。

提供データについて

　Part II Excel編では，提供データおよび完成例データを用意しています。一部の例題および実技練習，トレーニングでご活用ください。なお，例題タイトルがファイル名になっています。下記のアドレスの実教出版Webサイトからダウンロードしてご利用ください。

　　https://www.jikkyo.co.jp/download/

学習と検定
全商情報処理検定
テキスト

3
級

Excel
2019/2016/2013
対応

実教出版

目次

Part I 基本操作編

Part II Excel編

Part Ⅲ　知識編

Part I 基本操作 | 編

Introduction ① Windowsの起動と終了

Excelは，Windows上で使われるアプリケーションソフトウェアの一つである。ここでは，Windowsの起動から終了までを学習しよう。

1 Windowsの起動

本体の電源スイッチをONにすると，ハードディスクやSSDのアクセスランプが点滅しながらWindowsが起動し，ロック画面が表示される。ロック画面上でマウスをクリックすると，パスワード入力画面が表示される。パスワードを入力すると，Windows8ではスタート画面が，Windows10では**デスクトップ画面**が表示される。なお，Windows8では，スタート画面にあるデスクトップのタイルをクリックするとデスクトップ画面が表示される。

▶ **Point**
パスワードの入力画面は，パスワードが設定されていないと表示されない。

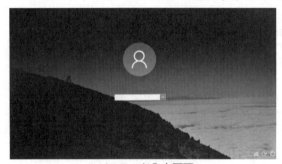

▲パスワード入力画面

▲スタート画面（Windows8）

デスクトップ画面には，**アイコン**の形でさまざまな機能やソフトウェアなどが置かれている。そのような状態を机の上に見立ててWindowsではデスクトップと呼んでいる。また，画面の下部にある**タスクバー**には，現在起動しているソフトウェアが表示され，自由に切り替えることができる。

Windowsは画面上に表示されている矢印（**マウスポインタ**）を目印にマウスなどを使って操作する。

▶ **Point**
Windows8のスタート画面とデスクトップ画面は，⊞キーで交互に切り替えることができる。

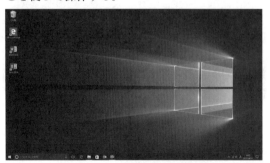

▲デスクトップ画面（Windows10）

2 Windowsの操作

Windowsを操作するには，マウスを接続するほか，タッチパネルに対応したディスプレイであれば，指やペンを使うことができる。

通常，マウスには左と右にボタンがあり，次のような操作をする。

	操作の種類	操作方法	操作目的
1	クリック	左ボタンを1回押す。	コマンドメニュー，ファイル，ソフトウェアなどの選択や起動を行う。
2	ダブルクリック	左ボタンを2回続けてカチカチと素早く押す。	
3	ドラッグ	左ボタンを押したままマウスを動かす。	
4	ポイント	マウスポインタを目的の場所に合わせる。	
5	右クリック	右ボタンを1回押す。	その状態に合わせたメニューが表示される。
6	ドラッグ&ドロップ	範囲や図などをドラッグし，目的の場所で左ボタンを離す。	文字，図，アイコンなどを移動する。

3 Windowsの終了

Windowsを終了し，パソコンの電源を切ってみよう。

❶ デスクトップ画面左下にある⊞（スタート）をクリックする。

❷ ⏻（電源）→［シャットダウン］をクリックする。

❸ Windowsが終了し，自動的に電源がOFFになる。

▶**Point**
画面左下の⊞にマウスポインタを合わせ，右クリックし，表示されるショートカットメニューより［シャットダウンまたはサインアウト］→［シャットダウン］をクリックする方法もある。

▶**Point**
Alt＋F4を押し，表示されたメニューから［シャットダウン］を選択し OK をクリックする方法もある。

Introduction ❷ Excelとは

Excelとは，アメリカのMicrosoft（マイクロソフト）社が販売している統合型表計算ソフトウェアである。以下，この本ではExcelと表記する。

Excelは，次のような3つの大きな機能を持っている。

- ・表計算機能
- ・グラフ機能
- ・データ管理（データベース）機能

このように，表計算機能を中心にいろいろな機能を持っているソフトウェアを統合型表計算ソフトウェアと呼んでいる。以上のような機能を利用して結果を保存したファイルをブックと呼び，それぞれのブックは何枚ものワークシートから構成されている。その中でも操作の対象となっているワークシートを特にアクティブシートと呼んでいる。このワークシートを利用してデータの入力や分析を行う。なお，表計算ソフトウェアはスプレッドシートとも呼ばれている。

1 表計算機能

表計算機能は，ワークシートという広大なマス目状の電子的な集計用紙によって行うExcelの基本的な機能である。

まず，数値データを入力し，次に必要な値を求める計算式を入力すれば計算結果が表示される。数値データを変更すればすぐに自動再計算された結果が表示されるところが大きな特長である。合計や平均などのよく使われる計算式は，関数として数多く用意されている。

▲ Excelの画面

┌─ Excelのおもな仕様 ─────────────────

1枚のワークシートの大きさ……1,048,576行×16,384列

（セルの個数……17,179,869,184個）

1つのセルに入力できる文字数……32,767文字

最大改行数……253行

関数の種類……最新のExcelでは486種類以上

罫線の種類……13種類以上

2 関　数

関数とは，よく使う計算式や演算子の組み合わせをあらかじめ定義しておき，引数と呼ばれる値を使うことで，簡単かつ便利に使えるようにした仕組みをいう。

　　　　構文(=で始まり，その後ろに 関数名(引数)と続く。)

例)　=ROUND(A1，2)

　　　関数名　　引数(数値，文字列，論理値，セル番地，定数，数式，関数などを指定する。引数は，コンマ(,)で区切って入力する。)

3 グラフ機能

ワークシートに入力されたデータに基づいてグラフを作成する機能で，数値データをわかりやすく表現し，効果的なデータ分析のシミュレーションが行える。

グラフは，入力データが変更されると自動的に更新される。また，作成したグラフは移動・拡大・縮小が自由にでき，作図機能を利用してさらに効果的なグラフにすることもできる。

なお，検定試験に関係するグラフには次のようなものがある。

縦棒(集合，積み上げ，100%積み上げ)グラフ

横棒(集合，積み上げ，100%積み上げ)グラフ

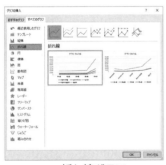

折れ線グラフ

円(切り離し円)グラフ

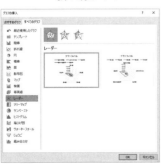

レーダー(レーダーチャート)

4 データ管理（データベース）機能

　ワークシートに入力されたデータを並べ替えたり，必要な情報を取り出したりするために検索や抽出などを行う機能である。

　顧客管理や社員情報のように，関連するデータを体系的に集めて処理したものをデータベースというが，Excelでは表形式で入力されたデータをデータベースとして利用することができる。

5 Excelの画面構成

②タイトルバー
③リボン
④名前ボックス
⑤数式バー
⑥全セル選択ボタン
⑦アクティブセル
⑧列番号
⑨行番号
①ワークシート
⑩スクロールバー
⑫ステータスバー
⑪シート見出し

参考
[タッチ]タブ
タッチパネルが搭載されたPCやタブレットなど一部の機種では，[タッチ]タブが表示され，利用できる場合がある。

①**ワークシート**…アルファベットと数字で囲まれたマス目状の部分がワークシートである。ここにデータを入力し処理する。電子的な集計用紙のようなもので，シートとも呼ばれている。ワークシートを構成しているマス目の1つをセルという。ここに文字列や数値，数式などを入力する。

　画面に表示されている部分はほんの一部分で，全体は1,048,576行×16,384列存在する。便宜上大きな画面の一部分が表示されていることになる。

　また，Excelでは複数のワークシートを同時に利用することができる。この複数のワークシートをあわせてブックと呼んでいる。ワークシートは初期状態でSheet1が用意されているが，自由に増減することができる。

②**タイトルバー**…ブック名（Book1）とアプリケーション名（Excel）が表示されている。ブック名はブックを開いたり保存したりすることで変更される。タイトルバーをダブルクリックしてウィンドウの大きさを変えたり，ドラッグしてウィンドウを移動させることができる。

③**リボン**…目的に沿って構成されたタブがあり，それぞれがいくつかのグループに分類されている。リボン内のボタンをクリックすることでさまざまな命令を実行することができる。

④**名前ボックス**…アクティブセル（現在選択されている操作対象のセル）の番地や名前が表示される。

⑤**数式バー**…アクティブセルの内容が表示される。ここでも数式や文字列の編集ができる。

⑥**全セル選択ボタン**…ワークシート内すべてのセルが選択できる。

⑦**アクティブセル**…セルポインタ（太枠）で囲まれ，処理の対象となっているセルで，アクティブセルの列番号と行番号は背景の色が変わって表示される。セル1つに32,767文字，253行までを入力することができる。

⑧**列番号**…ワークシートの列の名前が表示されている。A列からXFD列まで，アルファベットの組み合わせで16,384列が用意されている。Z列の次はAA列で，AB〜XFDと続く。

⑨**行番号**…ワークシートの行の名前が表示されている。1行から1,048,576行まで用意されている。

⑩**スクロールバー**…ウィンドウに表示されていない部分を表示するため，画面をずらす（スクロールする）ときに利用する。スクロールバーをドラッグするか，▲ ▼や ◀ ▶ をクリックするとスクロールできる。また，キーボードにある PgUp キーおよび PgDn キーや，マウスのホイールを操作することでスクロールすることができる。

⑪**シート見出し**…ブックを構成する各ワークシートに付けられた名前が表示されている。アクティブになっているワークシートは一番手前に表示される。なお，各シートの見出しの名前は自由に変更できる。

⑫**ステータスバー**…選択範囲にあるデータの個数や合計値などが簡易的に表示される。

1 Excel の起動

❶ Windowsのデスクトップ画面から画面左下の田（スタート）をクリックする。
❷ 「Excel」を選択してクリックする。

❸ しばらくするとExcelが起動してスタート画面が表示されるので，「空白の
ブック」をクリックする。

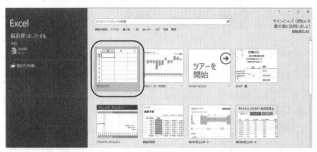

❹ 初期画面が表示される。

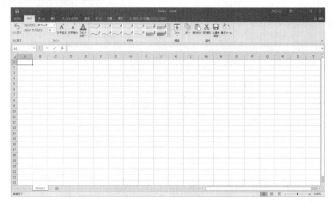

▶ **Point**
デスクトップの「ショ
ートカットアイコン」
から起動する方法もあ
る。

2 Excelの終了

❶ 画面右上  (閉じる) をクリックする。

なお，ブックを変更して保存せずに閉じようとした場合，変更内容を保存するか確認するためのメッセージが表示される。

Microsoft Excel	×
⚠ 'Book1' の変更内容を保存します	
保存(S)　保存しない(N)　キャンセル	

保存(S)……ブックを保存し，閉じる。

保存しない(N)……ブックを保存せずに，閉じる。

キャンセル ……ブックを閉じる操作を取り消す。

▶ **Point**
ブックを閉じる
Ctrl + W

Excelを終了する
Alt + F4

▶ **Point**
ブックの保存
→p.17

参考 Excelショートカットキー

キー	機能
Ctrl + C	コピー
Ctrl + V	貼り付け
Ctrl + X	切り取り
Ctrl + Z	1つ前に戻る
Ctrl + マウスホイール	拡大・縮小
Ctrl + クリック	複数のセル選択・選択解除
Shift + クリック	複数のセル選択
Esc	閉じる・キャンセル
Ctrl + 1	セルの書式設定
Ctrl + ← ↑ → ↓	入力済みセルの端まで移動
Ctrl + Shift + ← ↑ → ↓	入力済みセルの端まで選択
F2	セルの編集
F4	絶対参照・操作の繰り返し
Ctrl + A	全選択
Ctrl + F	検索
Ctrl + H	置換
Ctrl + Y	操作の繰り返し
Win + V	クリップボード
Alt + Enter	セル内で改行
Ctrl + D	上のセルを複写
Ctrl + R	左のセルを複写
Ctrl + ;	今日の日付
Ctrl + :	現在の時刻
Ctrl + Shift + 1	数値の桁区切り
Ctrl + Alt + V	形式を指定して貼り付け
Ctrl + Enter	指定したセルに一括入力
Ctrl + +	行・列・セルの挿入
Ctrl + −	行・列・セルの削除
Ctrl + ↓	リスト選択

Introduction ④ データ入力の基礎

ワークシート内の各セルには，数値，文字列（ひらがな・カタカナ・漢字），式などのデータが入力できる。数値とは計算の対象となるデータのことで，数字以外に「＋」，「－」，「（」，「）」，「／」，「＊」，「＄」，「％」，「,」，「.」，「E」，「e」，「¥」などがある。データの入力手順は次のとおりである。

❶ データを入力したいセルにセルポインタを移動する。

└↑┘└↓┘└←┘└→┘を使って移動するか，マウスポインタを目的のセルに合わせてクリックする。

❷ データを入力する。

データの入力ミスは，BackSpace・BSまたはDelete・Delで消去した後，正しく入力する。

BackSpace・BS…カーソルの前の文字や数値を削除する。

Delete・Del……カーソルの後ろの文字や数値を削除する。

❸ Enterを押して確定する。

1 数値データ・半角文字データの入力

セル（A1）に数値で「123」，セル（A2）に「jik」と入力してみよう。

❶ セルポインタをセル（A1）に移動する。

❷ 1 2 3と入力してEnterを押す。

❸ セルポインタをセル（A2）に移動する。通常，セル（A1）からセル（A2）へ自動的にセルポインタが移動する。

❹ j i kと入力してEnterを押す。

A2	▼	⋮	✕	✓	fx	jik

◢	A	B	C	D	E
1	123				
2	jik				

数値はセル内で右揃えで入力され，文字列は左揃えで入力される。文字位置は，入力後，［ホーム］の ≡（左揃え），≡（中央揃え），≡（右揃え）によって指定できる（p.44参照）。なお，数値データは，下記のように先頭に半角の「'」を付けることで文字列として扱うこともできる（p.24参照）。

なお，入力した「'」記号は，編集モード以外では表示・印刷されない。

B1	▼	⋮	✕	✓	fx	'123

◢	A	B	C	D	E
1		◆3 123			
2	jik				

▶ **Point**
入力データがすべて数字の場合は，全角文字でもExcelが自動的に数値と見なして半角右揃えで入力される。入力データの中に文字データが含まれる場合は，数字も含めて文字データとして入力される。

▶ **Point**
半角/全角 キー
数字・カタカナの半角入力と全角入力の切り替え。

2 日本語文字データの入力

セル（B2）に漢字で「検定」と入力してみよう。

❶ 半角/全角を押し，IME（日本語入力システム）を起動する。

❷ セルポインタをセル（B2）に移動し，「けんてい」と入力する。

❸ スペースを押してひらがなを漢字に変換し，Enterで確定する。

❹ Enterまたは↑ ↓ ← →でセルに入力する。

| B2 | ▼ | ⋮ | × | ✓ | fx | 検定 | | |

◢	A	B	C	D	E
1	123	123			
2	jik	検定			

■ ファンクションキーでの変換

ローマ字入力された文字はひらがなで表示されるが，ファンクションキーを利用することで次のように各種文字やアルファベットに変換できる。

F6 …ひらがな変換（続けて押すと先頭から1文字ずつカタカナに変換される）

F7 …カタカナ変換（続けて押すと最後尾から1文字ずつひらがなに変換される。半角のカタカナにするときは，F7→F8）

F8 …半角変換（ひらがなは半角カタカナに変換される。続けて押すと最後尾から1文字ずつひらがなに変換される）

F9 …全角英数変換（続けて押すと，大文字→先頭文字のみ大文字→すべて小文字の順に変換される）

F10 …半角英数変換（続けて押すと，大文字→先頭文字のみ大文字→すべて小文字の順に変換される）

■ 漢字変換

文章を入力しスペースを押すと，入力文字の一部分が反転表示される。その部分を文節カーソルといい，←や→で移動できる。先頭の文節カーソルだけを確定するときはShift+↓，文節カーソルまでを確定するときはCtrl+↓，全文確定するときはEnterを押す。

文節カーソルの範囲が正しくないときは，Shift+→やShift+←で範囲を修正してからもう一度変換する。

例：私歯医者へ行きます。

わたしはいしゃへいきます。

⬇ スペースで変換

私は医者へ行きます。

⬇ Shift+←で範囲を修正

わたしは医者へ行きます。

⬇ スペースで変換

私歯医者へ行きます。

■ 再変換

確定された文字列であっても，クリックするなどして該当する文字にカーソルを置き，変換を押すことによって再変換することができる。

1 文字の入力

次のように，文字データと数値データを入力してみよう。

	A	B	C	D
1	商品名	4月	5月	6月
2	三角定規	270	150	120
3	ボールペン	1300	1130	875
4	鉛筆	1780	1160	1115
5	蛍光ペン	520	460	350
6	消しゴム	560	450	345
7	セロテープ	465	400	250
8				

文字データの入力

はじめに，文字データを入力する。

❶ セルポインタをセル (A1) に移動させ，アクティブセルにする。「しょうひんめい」と入力すると，アクティブセルと数式バーに次のように表示される。

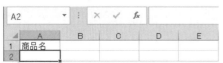

❷ スペース (漢字変換キー) によって「商品名」と変換する。

❸ 正しく変換できたら Enter を押して漢字変換を確定する。

❹ もう一度 Enter を押すと，セル (A1) に「商品名」と入力され，セルポインタがセル (A2) に移動する。

▶ **Point**
入力中のデータを取り消す場合には， Esc を押す。

❺ ❶〜❹ の手順で，セル (A7) の「セロテープ」までデータを入力する。

	A	B	C	D	E
1	商品名				
2	三角定規				
3	ボールペン				
4	鉛筆				
5	蛍光ペン				
6	消しゴム				
7	セロテープ				

数字ではじまる文字データの入力

方法① ―――――――――――――――――――――――――

❶　セルポインタをセル（B1）に移動させ，「4がつ」と入力する。

| B1 | | ▼ | ⋮ | × | ✓ | *fx* | 4 がつ |

▲	A	B	C	D	E
1	商品名	4がつ			
2	三角定規	4 がつ			

❷　「4月」と変換できたら Enter を押して確定する。

| B1 | | ▼ | ⋮ | × | ✓ | *fx* | 4 月 |

▲	A	B	C	D	E
1	商品名	4月			
2	三角定規				

❸　→ を押すと，セル（B1）に「4月」と入力され，セルポインタがセル（C1）に
移動する。

| C1 | | ▼ | ⋮ | × | ✓ | *fx* | |

▲	A	B	C	D	E
1	商品名	4月			
2	三角定規				

❹　同様に，セル（D1）の「6月」まで入力する。

| E1 | | ▼ | ⋮ | × | ✓ | *fx* | |

▲	A	B	C	D	E
1	商品名	4月	5月	6月	
2	三角定規				

方法②：オートフィル機能の利用（通常，この方法を利用する） ――――――――

❶　セルポインタをセル（B1）に移動させ，「4がつ」と入力し，変換後，確定する。

| B1 | | ▼ | ⋮ | × | ✓ | *fx* | 4 月 |

▲	A	B	C	D	E
1	商品名	4月			
2	三角定規				

> ▶ **Point**
>
> 月や曜日など，連続し
> たデータを効率的に入
> 力する機能をオートフ
> ィルという（p.30参
> 照）。

❷　セル（B1）の右下にある ■（フィルハンドル）をポイントするとマウスポイン
タが ✚ に変化するので，その状態のままセル（D1）までドラッグし，範囲外のセ
ルをクリックして確定する。

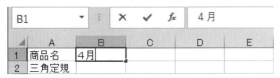

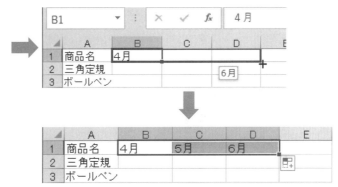

2 数値の入力

次に，数値を入力してみよう。

数値データの入力

❶ 半角／全角を押し，入力の種類を「ひらがな」から「半角英数字」に変更する。

❷ セルポインタをセル（B2）に移動させ，「270」と入力する。

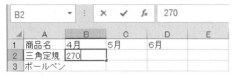

❸ Enter を押すと，セル（B2）に「270」と入力され，セルポインタがセル（B3）に移動する。

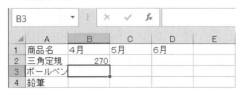

❹ テンキーや → ↑ なども利用してすべての数値データを入力する。

連続入力 ——————————

あらかじめ入力範囲を指定してデータを入力すると，Enter だけでセルポインタが入力範囲内を次々と移動するので便利である。

❶ セル（B2〜D7）をドラッグした後，データを入力する。

❷ データをすべて入力した後は，入力範囲外をクリックすると範囲の指定が解除される。

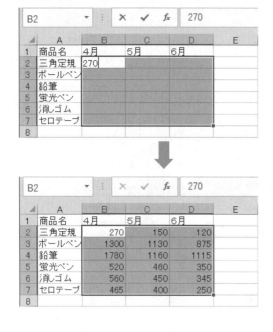

▶ **Point**
データ入力後，範囲内でセルポインタを移動させるキーは下記のとおり。
・上から下
　Enter
・左から右
　Tab
・下から上
　Shift + Enter
・右から左
　Shift + Tab

3 ブックの保存と呼び出し

ブックを保存しないでExcelを終了すると，それまでの作業内容はすべて消えてしまう。必要なブックは，必ずハードディスクやUSBメモリなどに保存するようにする。

これまでの作業で作成したブックを保存した後，呼び出してみる。ここでは，保存先をドキュメントフォルダとする。

ブック（ワークシート）の保存

データは，複数のワークシートから構成されるブックという形式で保存される。
❶ ［ファイル］→［名前を付けて保存］→［参照］をクリックする。
❷ ［名前を付けて保存］のダイアログボックスが表示されるので，［ドキュメント］フォルダを選択し，［ファイル名］に「練習」と入力する。

❸ 保存 をクリックすると，ドキュメントフォルダに保存される（Enterを押しても保存が実行される）。保存が完了するとタイトルバーにファイル名が表示されるので確認できる。

Book1 - Excel ➡ 練習.xlsx - Excel

▶ Point
ブックを構成するものが，ワークシート。

▶ Point
ファイル名に使える記号
! # $ % & ' ( )
~ _ @ ^ { }
ファイル名に使えない記号（半角）
/ ¥ < > * ? " | :
ファイルの内容がわかる名前を付けるとよい。

▶ Point
［ファイル名］に他のファイル名が表示された場合，Back Spaceか Delete を使って消去する。

▶ Point
名前を付けて保存
F12

■ ファイルの書き換え（上書き保存）

すでに保存されているブック（ワークシート）を新しい内容に更新する。

方法①：［ファイル］→［上書き保存］をクリックする。

▶ **Point**
上書き保存
Ctrl + S

方法②：クイックアクセスツールバーから 🖫 （上書き保存）をクリックする。

■ ファイルの呼び出し

保存されているブックを画面に呼び出して表示することを，**ファイルを開く**と呼んでいる。

❶ ［ファイル］→［開く］→［参照］をクリックする。

❷ ［ファイルを開く］のダイアログボックスが表示されるので，［ＰＣ］→［ドキュメント］を選択する。ドキュメントに保存されているファイルが一覧表示されるので，目的のファイルを選択し，開く をクリックする。

▶ **Point**
ファイルを開く
Ctrl + O

▶ **Point**
ファイルの一覧から，目的のファイルのアイコンをダブルクリックしてもよい。

Introduction ⑥ 印刷の基礎

印刷確認（印刷プレビュー）後の印刷

ブックの中から作成したワークシートを印刷してみよう。

［ファイル］→［印刷］をクリックすると，指定した用紙にどのように印刷されるか確認してから印刷できる。

❶ ［ファイル］→［印刷］をクリックすると，左側に各種設定項目，右側に左側で設定されたとおりに印刷されるイメージをレイアウトした印刷プレビューが表示される。

❷ 印刷プレビューを確認する。下にあるページ表記が［1/1］になっていれば，指定した用紙1枚に印刷できる。出力先が，左の項目の［プリンター］に表示されている機種でよければ， 🖶（印刷）をクリックする。

▶ **Point**
印刷
[Ctrl]＋[P]

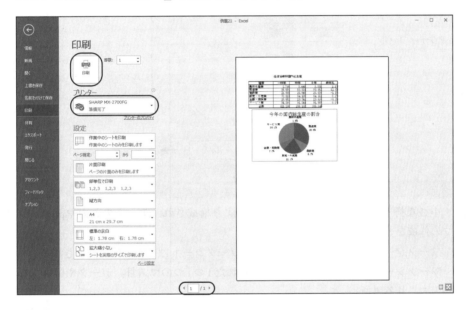

参考 **1ページに印刷できない場合，縮小して1ページに印刷する方法**

左側の［設定］の一番下［拡大縮小なし］をクリックし，［シートを1ページに印刷］を選択すると，1ページに縮小されて印刷される（p.114参照）。

Part II Excel 編

Lesson 1 Excel のワークシートの活用

1 ワークシートの構成

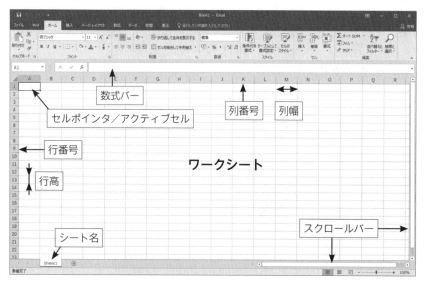

ワークシート	小さな格子で区切られた複数のセルにより構成され，データの入力や計算，グラフの作成などを行う作業領域。
シート名	ワークシートに付けた名前。使用中のワークシートは一番手前に表示される。
セル	ワークシートを構成する格子で区切られた1つ1つのマス目。データや計算式などが入力される場所。
セル番地	列番号と行番号を組み合わせることで，ワークシート上のセルの位置を特定できるように表したもの。
セルポインタ	マウスでクリックするなどして，選択状態にある太い線で囲まれている部分。
アクティブセル	セルポインタのあるセルで，操作対象にあるセル。カレントセルともいう。アクティブセルのある列番号と行番号は，緑色で表示される。
行	ワークシートの横方向のセルの集まり。
行番号	数値（1～1,048,576）により，ワークシートの上端から縦にならぶ位置を表す。
行高	セルの縦の長さ。自動調整したり，任意の長さに設定することができる。
列	ワークシートの縦方向のセルの集まり。
列番号	英字（A～XFD）により，ワークシートの左端から横にならぶ位置を表す。1列目をA，2列目をBとし，英字順に，さらに英字の組み合わせで16,384列を表す。
列幅	セルの横の長さ。自動調整したり，任意の長さに設定することができる。
数式バー	アクティブセルのデータや計算式を表示する場所。
スクロールバー	上下または左右にドラッグすることで表示範囲を移動させ，画面上に表示しきれないワークシートを見ることができる。

ブック	ワークシートは初期設定ではSheet1が用意されているが，必要に応じて追加や削除ができる。これらのワークシートは，まとめて1つのファイルとして保存される。Excelでは，保存されたファイルのことをブックという。

筆記練習 1

次の説明文に最も関係の深い語を解答群から選び，記号で答えなさい。

1. ワークシートの横方向のセルの集まり。
2. セルの内容を表示する場所。
3. セルの縦の長さ。
4. 操作対象のセル。
5. 表計算ソフトウェアで，データの入力や計算，グラフの作成などを行う作業領域。

```
─解答群─
ア．アクティブセル     イ．セルポインタ     ウ．列幅        エ．ワークシート
オ．シート名          カ．数式バー        キ．行高        ク．スクロールバー
ケ．行              コ．列
```

1		2		3		4		5	

筆記練習 2

次の文の（1）から（5）にあてはまる適当な語を解答群から選び，記号で答えなさい。

ワークシート上のセルの位置を表すセル番地は，ワークシートの左端から横にならぶ位置を示す（1）とワークシートの上端から縦にならぶ位置を示す（2）の組み合わせにより示される。ワークシートの左上隅から横方向に5番目，縦方向に3番目にあるセルのセル番地は（3）となる。Excel2016のワークシートには，横方向に16,384個，縦方向に1,048,576個のセルがあるので，ディスプレイに表示されているのは，ほんの一部分である。画面に表示されていないセルを操作するためには，（4）を上下，左右にドラッグして調整する。また，セルをクリックすると，入力されているデータや計算式が（5）に表示される。

```
─解答群─
ア．数式バー          イ．C5          ウ．セルポインタ     エ．列番号
オ．スクロールバー     カ．E3          キ．シート名        ク．行番号
ケ．列幅             コ．行高
```

(1)		(2)		(3)		(4)		(5)	

2 表の作成

例 題 1 パスタ売上一覧表①

あるレストランのメニューと売上集計票をもとに，売上一覧表を作成しなさい。

【入力データ】

メニュー				売上集計票	
商品コード	種類	カロリー	価格	商品コード	売上数
001	カルボナーラ	980kcal	840	001	56
002	ナポリタン	760kcal	740	002	73
003	ペペロンチーノ	570kcal	600	003	28
004	ボンゴレ	730kcal	840	004	52
005	ミートソース	760kcal	640	005	81

【出力結果】

	A	B	C	D	E	F
1		売上一覧表				
2	商品コー	種類	カロリー	価格	売上数	
3	001	カルボナ	980kcal	840	56	
4	002	ナポリタ	760kcal	740	73	
5	003	ペペロン	570kcal	600	28	
6	004	ボンゴレ	730kcal	840	52	
7	005	ミートソ	760kcal	640	81	
8						

文字データの入力

❶ 1行目のタイトルと2行目の項目名を入力する。

	A	B	C	D	E	F
1		売上一覧表				
2	商品コー	種類	カロリー	価格	売上数	
3						

❷ セル (A3) に半角文字で「001」を入力し，[Enter] を押す。

	A	B	C	D	E	F
1		売上一覧表				
2	商品コー	種類	カロリー	価格	売上数	
3	001					
4						

❸ セル (A3) には，「1」が表示される。

	A	B	C	D	E	F
1		売上一覧表				
2	商品コー	種類	カロリー	価格	売上数	
3		1				
4						

　セルの表示形式が「標準」または「数値」の場合は，入力する数字の先頭に付けた0は表示されない。また，全角文字で入力した数字も半角文字に自動的に変換されてしまう。

▶ **Point**

誤って入力したときなど，直前の操作を取り消したいときは，[元に戻す] をクリックする。

または
[Ctrl] + [Z]

❹ セル（A3〜A7）をドラッグして，データの入力範囲を選択する。

	A	B	C	D	E	F
1		売上一覧表				
2	商品コー	種類	カロリー	価格	売上数	
3	1					
4						
5						
6						
7						
8						

❺ ［ホーム］タブの表示形式を「標準」から「文字列」に変更する。

▶ **Point**
データには，計算などに用いる**数値データ**と**文字（テキスト）データ**がある。郵便番号や電話番号などのデータは，数字であっても，一般に，計算に用いられることはないので，通常，文字データとして扱う。

❻ セル（A3〜A7）にデータを入力する。

	A	B	C	D	E	F
1		売上一覧表				
2	商品コー	種類	カロリー	価格	売上数	
3	001					
4	002					
5	003					
6	004					
7	005					
8						

入力したデータは，入力されたとおりに表示されるようになる。

セル（A3〜A7）の選択範囲以外をクリックして，入力範囲を解除する。

❼ セル（A3〜A7）の左上に，三角形で「エラーインジケータ」が表示される。通常，四則計算に用いる数値が文字として入力された場合に，警告として表示されるものである。マウスをポイントすると，「このセルにある数値が，テキスト形式か，またはアポストロフィで始まっています。」と表示される。

　この例題では商品コードは計算に用いないため，このままにしておいてもよいが，「エラーインジケータ」を消したい場合には，セル（A3〜A7）を選択し，「エラーインジケータ」の 🔽 から［**エラーを無視する**］を選択する。

	A	B	C	D	E	F
1		売上一覧表				
2	商品コー	種類	カロリー	価格	売上数	
3	001	! ▾				
4	002					
5	003					
6	004					
7	005					
8						
9						
10						
11						
12						

（B3セル横のメニュー）
- 数値が文字列として保存されています
- 数値に変換する(C)
- このエラーに関するヘルプ(H)
- エラーを無視する(I)
- 数式バーで編集(F)
- エラー チェック オプション(O)...

❽ セル（B3～B7）に「種類」を入力し，半角/全角を押して，セル（C3～C7）に
半角文字で「カロリー」を入力する。

▶ **Point**
「カロリー」のデータは，
数値に「kcal」の文字が
付いているため，直接
計算に用いることがで
きないので，文字デー
タである。

	A	B	C	D	E	F
1		売上一覧表				
2	商品コー	種類	カロリー	価格	売上数	
3	001	カルボナ	980kcal			
4	002	ナポリタ				
5	003	ペペロンチーノ				
6	004	ボンゴレ				
7	005	ミートソース				
8						

注：C3…980kcal，C4…760kcal，C5…570kcal，C6…730kcal，C7…760kcal
C列にデータを入力すると，B列の文字データのうち，列幅を超えている部分
は表示されなくなる。

数値データの入力

❶ セル（D3～E7）をドラッグして入力範囲を指定し，数値データを入力する。

▶ **Point**
計算で用いる数値デー
タは，半角文字で入力
する。
桁数が多い場合の3桁
ごとのコンマは，表示
形式で設定できるので，
手操作で入力しない。

	A	B	C	D	E	F
1		売上一覧表				
2	商品コー	種類	カロリー	価格	売上数	
3	001	カルボナ	980kcal	840	56	
4	002	ナポリタ	760kcal	740	73	
5	003	ペペロン	570kcal	600	28	
6	004	ボンゴレ	730kcal	840	52	
7	005	ミートソ	760kcal	640	81	
8						

◆セルの表示形式

入力した数値（例えば1）が，「¥1」や「1900/1/1」，「100%」などのように表示さ
れた場合は，表示形式が「通貨」や「日付形式」，「パーセンテージ」などに設定さ
れてしまっているので，「標準」や「数値」に設定し直すことで，「1」を表示させる
ことができる。

◆数字を文字データとして入力する方法

表示形式を「標準」のままで，数字を文字データとして入力することもできる。
最初に半角文字の「'」（シングルクォーテーション）を付け，「'001」のように入力
する。

'001

参考
入力されたセルのデー
タは，表示形式を変更
しない限り，数値デー
タは右揃え，文字デー
タは左揃えで表示され
る。

3 データの修正・列幅の変更

パスタ売上一覧表①を，次のように変更しなさい。

【出力結果】

	A	B	C	D	E	F
1		パスタ売上一覧表				
2	商品コード	種類	カロリー	価格	売上数	
3	001	カルボナーラ	980kcal	840	56	
4	002	ナポリタン	760kcal	740	73	
5	003	ペペロンチーノ	570kcal	600	28	
6	004	ボンゴレ	730kcal	840	52	
7	005	ミートソース	760kcal	640	81	
8						

作成条件

① B1を「パスタ売上一覧表」に変更する。

② A列の列幅を自動調整する。

③ B列の列幅を14.00にする。

④ C列～E列の列幅を8.00とする。

データの修正

セルのデータを修正するには，数式バーで行う方法とセル内で行う方法がある。

方法①：数式バーで修正する

❶ セル（B1）をクリックし，数式バーの「売上一覧表」の先頭をクリックしてカーソルを表示させ，「パスタ」と入力して，Enterを押す。

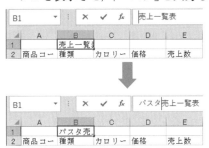

▶ **Point**

修正したいセルをクリックし，新しいデータを再入力すると，先に入力されたデータは上書きされる。

方法②：セル内で修正する

❶ セル（B1）をダブルクリックし，セル内の「売上一覧表」の先頭をクリックしてカーソルを表示させ，「パスタ」と入力して，Enterを押す。

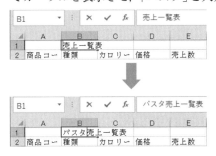

▶ **Point**

修正したいセルをクリックし，続けてキーボード最上段のF2を押しても，同様にセル内で修正できる状態になる。

列幅の変更

方法①：列幅の自動調整

❶ 列番号Aと列番号Bの境界線をポイントするとマウスポインタが ✛ になる。

◢	A ✛	B	C	D	E	F
1		売上一覧表				
2	商品コー	種類	カロリー	価格	売上数	
3	001	カルボナ	980kcal	840	56	
4	002	ナポリタ	760kcal	740	73	
5	003	ペペロン	570kcal	600	28	
6	004	ボンゴレ	730kcal	840	52	
7	005	ミートソ	760kcal	640	81	
8						

❷ この状態でダブルクリックすると，A列に入力されている最も長い文字列である「商品コード」に合わせて，A列の列幅が自動的に調整される。

◢	A	B	C	D	E	F
1		パスタ売上一覧表				
2	商品コード	種類	カロリー	価格	売上数	
3	001	カルボナ	980kcal	840	56	
4	002	ナポリタ	760kcal	740	73	
5	003	ペペロン	570kcal	600	28	
6	004	ボンゴレ	730kcal	840	52	
7	005	ミートソ	760kcal	640	81	
8						

方法②：ドラッグによる列幅の変更

❶ 列番号Bと列番号Cの境界線をポイントし，マウスポインタが ✛ に変化したとき，右方向にドラッグし，ポップヒントの幅が「14.00」になるように調整する。

I17	▼	×	幅: 14.00 (117 ピクセル)

◢	A	B ✛	C	D	E
1		売上一覧表			
2	商品コー	種類	カロリー	価格	売上数
3	001	カルボナ	980kcal	840	56
4	002	ナポリタ	760kcal	740	73
5	003	ペペロン	570kcal	600	28
6	004	ボンゴレ	730kcal	840	52
7	005	ミートソ	760kcal	640	81
8					

方法③：ポップアップメニューからの列幅の変更

❶ マウスポインタが ↓ の状態で列番号BをクリックしてB列を選択し，右クリックして表示されるポップアップメニューから，[列の幅]を選択する。[列幅]のダイアログボックスが表示されたら，[列幅]に「14」を入力し，OK をクリックする。

参考
Excelのバージョンによっては，[セルの幅]のダイアログボックスが表示される。

◆複数列の列幅の変更

❶ マウスポインタが ↓ の状態で列番号C～Eを選択する。

▲	A	B	C	D	E	F
1		パスタ売上一覧表				
2	商品コード	種類	カロリー	価格	売上数	
3	001	カルボナーラ	980kcal	840	56	
4	002	ナポリタン	760kcal	740	73	
5	003	ペペロンチーノ	570kcal	600	28	
6	004	ボンゴレ	730kcal	840	52	
7	005	ミートソース	760kcal	640	81	
8						

❷ 列番号CとDまたは列番号DとEのいずれかの境界線をポイントし，マウスポインタが ╋ に変化したら，左方向にドラッグして，ポップヒントの幅が「8.00」になるように調整する。

C1		⋮	×	✓	fx		幅: 8.00 (69 ピクセル)	

▲	A	B	C	╋ D	E	F
1		売上一覧表				
2	商品コー	種類	カロリー	価格	売上数	
3	001	カルボナーラ	980kcal	840	56	
4	002	ナポリタン	760kcal	740	73	
5	003	ペペロンチーノ	570kcal	600	28	
6	004	ボンゴレ	730kcal	840	52	
7	005	ミートソース	760kcal	640	81	
8						

◆数値データの#表示

列幅を超えた数値データは，「＃」で表示される。下のようにD列，E列の列幅を狭くすると，数値が「＃」で表示されている。列幅を広げることにより，見えなかった数値データを表示することができる。

▲	A	B	C	D	E	F
1		パスタ売上一覧表				
2	商品コード	種類	カロリー	価格	売上数	
3	001	カルボナーラ	980kcal	##	#	
4	002	ナポリタン	760kcal	##	#	
5	003	ペペロンチーノ	570kcal	##	#	
6	004	ボンゴレ	730kcal	##	#	
7	005	ミートソース	760kcal	##	#	
8						

◆文字データを「折り返して全体を表示する」

列幅を超えた文字データは，列幅を広げずに行高を自動調整して，セル内で複数行にして表示することもできる。

セル範囲を指定し，［ホーム］→［折り返して全体を表示する］をクリックする。解除するときは，再度このボタンをクリックする。

▲	A	B	C	D	E	F
1		パスタ売上一覧表				
2	商品コード	種類	カロリー	価格	売上数	
3	001	カルボナーラ	980kcal	840	56	
4	002	ナポリタン	760kcal	740	73	
5	003	ペペロンチーノ	570kcal	600	28	
6	004	ボンゴレ	730kcal	840	52	
7	005	ミートソース	760kcal	640	81	
8						

参考
セル範囲で右クリックし，［セルの書式設定］の「配置」より，［折り返して全体を表示する］を選択することもできる。また，［縮小して全体を表示する］を選択すると，列幅はそのままで，文字を自動的に縮小して全体を一行で表示することができる。

▶ Point
セルの書式設定
[Ctrl] + [1]

4 計算式の入力・複写⑴

例 題 3 パスタ売上一覧表③

パスタ売上一覧表②に「売上高」を追加しなさい。

【出力結果】

	A	B	C	D	E	F	G
1		パスタ売上一覧表					
2	商品コード	種類	カロリー	価格	売上数	売上高	
3	001	カルボナーラ	980kcal	840	56	47040	
4	002	ナポリタン	760kcal	740	73	54020	
5	003	ペペロンチーノ	570kcal	600	28	16800	
6	004	ボンゴレ	730kcal	840	52	43680	
7	005	ミートソース	760kcal	640	81	51840	
8							

作成条件

① F列に「売上高」を追加する。「売上高」は，次の計算式で求める。

「価格　×　売上数」

計算式の入力

ワークシートのデータを用いて四則計算を行う。算術演算子を使ってセルに必要な計算式を入力し，入力した計算式を他のセルに複写する。

❶ セル (F2) をクリックし，「売上高」と入力する。

❷ セル (F3) をクリックし，半角文字で「＝」を入力する。

	A	B	C	D	E	F	G
1		パスタ売上一覧表					
2	商品コード	種類	カロリー	価格	売上数	売上高	
3	001	カルボナーラ	980kcal	840	56	=	
4	002	ナポリタン	760kcal	740	73		
5	003	ペペロンチーノ	570kcal	600	28		
6	004	ボンゴレ	730kcal	840	52		
7	005	ミートソース	760kcal	640	81		
8							

❸ 計算対象のセル (D3) をクリックする。セル (D3) が破線で囲まれる。

	A	B	C	D	E	F	G
1		パスタ売上一覧表					
2	商品コード	種類	カロリー	価格	売上数	売上高	
3	001	カルボナーラ	980kcal	840	56	=D3	
4	002	ナポリタン	760kcal	740	73		
5	003	ペペロンチーノ	570kcal	600	28		
6	004	ボンゴレ	730kcal	840	52		
7	005	ミートソース	760kcal	640	81		
8							

▶ **Point**
Excelの計算式は「＝」から始まる。最初に「＝」を入力しないと，文字データとして扱われてしまう。計算式も数値データと同様に，半角文字で入力する。

❹ キーボードから「＊」(アスタリスク)を入力し，続けて計算対象のセル(E3)をクリックする。セル(F3)および数式バーに「＝D3＊E3」と表示される。

▲	A	B	C	D	E	F	G
1		パスタ売上一覧表					
2	商品コード	種類	カロリー	価格	売上数	売上高	
3	001	カルボナーラ	980kcal	840	56	=D3*E3	
4	002	ナポリタン	760kcal	740	73		
5	003	ペペロンチーノ	570kcal	600	28		
6	004	ボンゴレ	730kcal	840	52		
7	005	ミートソース	760kcal	640	81		
8							

❺ Enter を押すと，セル(F3)に計算結果「47040」が表示される。

▲	A	B	C	D	E	F	G
1		パスタ売上一覧表					
2	商品コード	種類	カロリー	価格	売上数	売上高	
3	001	カルボナーラ	980kcal	840	56	47040	
4	002	ナポリタン	760kcal	740	73		
5	003	ペペロンチーノ	570kcal	600	28		
6	004	ボンゴレ	730kcal	840	52		
7	005	ミートソース	760kcal	640	81		
8							

参考
セル番地を用いた計算式をセル参照式という。セル参照式を他のセルに複写すると，計算式のセル番地が自動的に調整される。この機能により，電卓のように，同様な計算式を一つずつ入力する必要がなくなる。

◆算術演算子と優先順位

Excelの計算式で使用する算術演算子と1つの計算式で複数の算術演算子を使う場合の優先順位は下記のとおりである。優先順位が同じ場合は，先に行う演算が優先される。また，計算式に(　)がある場合は，内側の(　)内の演算が優先される。

算術演算子(読み)	演算名	使用例	優先順位
＋(プラス)	足し算(加法)	＝B5＋C5	3
－(マイナス)	引き算(減法)	＝D5－E5	3
＊(アスタリスク)	掛け算(乗法)	＝F5＊G5	2
／(スラッシュ)	割り算(除法)	＝H5／J10	2
＾(ハットまたはキャレット)	べき乗(累乗)	＝A5＾2 (A5の2乗)	1

参考
Excelの計算式では，一般的な数式における[{( )}]のような，かっこの区別はなく，すべて( )で表す。(と)の数が合わないとエラーとなる。

◆キーボードを用いた計算式の入力

セル(F3)をクリックし，キーボードを使って，半角文字で「＝D3＊E3」と直接入力してもよい。また，セル番地の列番号は，英字の大文字，小文字のどちらで入力してもよい。

◆電卓のような使い方

セル(F3)をクリックし，半角文字で「＝840＊56」と，電卓のように直接数値を用いた計算式を入力して，結果を表示させることもできる。ただし，セル参照式ではないので，計算式を複写することや再計算することはできない。

計算式の複写

セル（F3）に入力したセル参照式を，セル（F4〜F7）に複写して値を求める。

方法①：オートフィル機能を用いた方法

❶　セル（F3）をクリックし，セルの外枠の右下隅の四角形（フィルハンドル）に
マウスポインタを合わせると，マウスポインタが ✚ に変わる。

▲	A	B	C	D	E	F	G
1		パスタ売上一覧表					
2	商品コード	種類	カロリー	価格	売上数	売上高	
3	001	カルボナーラ	980kcal	840	56	47040	
4	002	ナポリタン	760kcal	740	73		
5	003	ペペロンチーノ	570kcal	600	28		
6	004	ボンゴレ	730kcal	840	52		
7	005	ミートソース	760kcal	640	81		
8							

❷　マウスポインタが ✚ のとき，セル（F7）まで下方向にドラッグして離すと，
セル（F4〜F7）に，セル（F3）の計算式が複写され，計算結果が表示される。

▲	A	B	C	D	E	F	G
1		売上一覧表					
2	商品コード	種類	カロリー	価格	売上数	売上高	
3	001	カルボナーラ	980kcal	840	56	47040	
4	002	ナポリタン	760kcal	740	73	54020	
5	003	ペペロンチーノ	570kcal	600	28	16800	
6	004	ボンゴレ	730kcal	840	52	43680	
7	005	ミートソース	760kcal	640	81	51840	
8							

セル（F4）をクリックすると，数式バーに「= D4 * E4」の計算式が入力され
ている。セル（F3）の計算式が，行番号を1つずつ変化させながら，セル（F7）
まで入力されていることがわかる。

なお，ドラッグする範囲が広い場合などは，フィルハンドルにマウスポイン
タを合わせ，✚ をダブルクリックすると，隣接した列にデータが入力されて
いる行まで計算式が複写される。

◆オートフィルオプション

オートフィルを実行した直後に表示される。複写（コピー）の種類を選択する
ことができる。

コピー元が，書式を変更している場合や罫線を引いている場合などは，そのま
ま複写すると，コピー先の書式も変更されてしまう。そこで，書式の変更が必要
ない場合には，[書式なしコピー]を選択するとよい。

▶フィルハンドル

1つのセルだけでなく，
セル範囲を選択した場
合にも，範囲の右下隅
に表示される。フィル
ハンドルをドラッグし
て縦方向，横方向に複
写する操作を**オートフ
ィル**という。計算式や
データを表の末端まで
複写するときは，フィ
ルハンドルをダブルク
リックする。

方法②：コピー＆ペーストを用いた方法

❶ コピー元のセル（F3）をクリックし，［ホーム］→🔲▼（コピー）をクリックする。

▲	A	B	C	D	E	F	G
1		パスタ売上一覧表					
2	商品コード	種類	カロリー	価格	売上数	売上高	
3	001	カルボナーラ	980kcal	840	56	47040	
4	002	ナポリタン	760kcal	740	73		
5	003	ペペロンチーノ	570kcal	600	28		
6	004	ボンゴレ	730kcal	840	52		
7	005	ミートソース	760kcal	640	81		
8							

❷ コピー先のセル（F4～F7）を選択して，［ホーム］→🔲（貼り付け）をクリックする。

▲	A	B	C	D	E	F	G
1		パスタ売上一覧表					
2	商品コード	種類	カロリー	価格	売上数	売上高	
3	001	カルボナーラ	980kcal	840	56	47040	
4	002	ナポリタン	760kcal	740	73	54020	
5	003	ペペロンチーノ	570kcal	600	28	16800	
6	004	ボンゴレ	730kcal	840	52	43680	
7	005	ミートソース	760kcal	640	81	51840	
8							

この方法は，コピー先がコピー元から離れているときなどに有効である。[Esc]を押して，コピー元の選択を解除する。

◆計算式の確認と修正

計算式が入力されているセルをクリックすると，数式バーに計算式が表示され，内容を確認することができる。また，数式バーの計算式をクリックすると，計算式のセル番地とワークシートのセルの枠が同色で表示され，計算式の修正が可能な編集状態となる。計算対象となっているセルの枠をポイントし，ドラッグするなどして，簡単に計算式のセル番地を修正することができる。なお，確認や修正を終えたら，[Esc]または[Enter]を押して，編集状態を解除する。

◆再計算（自動再計算機能）

ワークシートに入力されているデータを変更すると，あらかじめ設定されたセル参照式に基づき，自動的に改めて計算を行い，新しい計算結果が表示される。

（例）「価格」を一律100円値上げした場合の売上高

▲	A	B	C	D	E	F	G
1		パスタ売上一覧表					
2	商品コード	種類	カロリー	価格	売上数	売上高	
3	001	カルボナーラ	980kcal	940	56	52640	
4	002	ナポリタン	760kcal	840	73	61320	
5	003	ペペロンチーノ	570kcal	700	28	19600	
6	004	ボンゴレ	730kcal	940	52	48880	
7	005	ミートソース	760kcal	740	81	59940	
8							

▶ **Point**
コピー
[Ctrl]＋[C]
貼り付け
[Ctrl]＋[V]

▶貼り付けのオプション
［貼り付け］の▼をクリックすると表示される。コピー元のデータや計算式，書式を，コピー先にそのまま貼り付ける以外の，様々な貼り付け方を選択することができる。

5 行・列の挿入・削除

例 題 4 パスタ売上一覧表④

パスタ売上一覧表③を下記のように変更しなさい。

【出力結果】

	A	B	C	D	E	F	G
1		パスタ売上一覧表					
2	商品コード	種類	カロリー	価格	売上数	売上高	
3	001	カルボナーラ	980kcal	840	56	47040	
4	002	ナポリタン	760kcal	740	73	54020	
5	003	ペペロンチーノ	570kcal	600	28	16800	
6	004	ボンゴレ	730kcal	840	52	43680	
7	005	ミートソース	760kcal	640	81	51840	
8							

	A	B	C	D	E	F	G
1							
2	パスタ売上一覧表						
3							
4	種類	価格	土曜日	日曜日	売上計	売上高	
5	カルボナーラ	840	56	40	96	80640	
6	たらこ	680	0	39	39	26520	
7	バジリコ	600	0	21	21	12600	
8	ナポリタン	740	73	82	155	114700	
9	ペペロンチーノ	600	28	33	61	36600	
10	ミートソース	640	81	70	151	96640	
11							

作成条件

① 「商品コード」と「カロリー」の列を削除する。

② 「売上数」と「売上高」の間に2列挿入する。

③ 「売上数」を「土曜日」に変更し，挿入したD2に「日曜日」，E2に「売上計」を入力し，「売上計」と「売上高」の列に計算式を入力する。

④ 「カルボナーラ」と「ナポリタン」の間に，2行挿入し，「たらこ」と「バジリコ」を追加する。

⑤ タイトルの「パスタ売上一覧表」と表全体を下方向に移動させる。

⑥ 「ボンゴレ」の行を削除する。

列の削除

❶ 列番号Aをクリックし，[Ctrl]を押しながら列番号Cをクリックして2列を選択する。選択した列内で右クリックし，ポップアップメニューから[削除]をクリックする。

▶ Point

ワークシートの離れた場所にある範囲を同時に選択するときは，[Ctrl]を押しながら選択する。

	A	B	C	D	F	G
1		パスタ売上一覧表				
2	商品コード	種類	カロ		高	
3	001	カルボナーラ	980		47040	
4	002	ナポリタン	760		54020	
5	003	ペペロンチーノ	570		16800	
6	004	ボンゴレ	730		43680	
7	005	ミートソース	760		51840	
8						
9						
10						

✂ 切り取り(T)
📋 コピー(C)
📋 貼り付けのオプション:
📋
形式を選択して貼り付け(S)...
挿入(I)
削除(D)
数式と値のクリア(N)

❷ 「商品コード」と「カロリー」の列が削除され，左側につめて表示される。

	A	B	C	D	E
1	パスタ売上一覧表				
2	種類	価格	売上数	売上高	
3	カルボナーラ	840	56	47040	
4	ナポリタン	740	73	54020	
5	ペペロンチーノ	600	28	16800	
6	ボンゴレ	840	52	43680	
7	ミートソース	640	81	51840	
8					

列の挿入

❶ C列の「売上数」の後（右）側に2列追加したいので，後側にある列番号Dと
列番号Eを選択する。選択している列内で右クリックし，ポップアップメニュ
ーから［挿入］をクリックする。

❷ C列の後（右）側に，2列挿入される。

	A	B	C	D	E	F	G
1	パスタ売上一覧表						
2	種類	価格	売上数			売上高	
3	カルボナーラ	840	56			47040	
4	ナポリタン	740	73			54020	
5	ペペロンチーノ	600	28			16800	
6	ボンゴレ	840	52			43680	
7	ミートソース	640	81			51840	
8							

❸ セル（C2）の「売上数」を「土曜日」に変更し，セル（D2）に「日曜日」，セル（E2）
に「売上計」を入力し，セル（D3～D7）に下記のデータを入力する。

　　D3…40　　　D4…82　　　D5…33　　　D6…44　　　D7…70

	A	B	C	D	E	F	G
1	パスタ売上一覧表						
2	種類	価格	土曜日	日曜日	売上計	売上高	
3	カルボナーラ	840	56	40		47040	
4	ナポリタン	740	73	82		54020	
5	ペペロンチーノ	600	28	33		16800	
6	ボンゴレ	840	52	44		43680	
7	ミートソース	640	81	70		51840	
8							

❹　セル（E3）に「＝C3＋D3」の計算式を入力し，セル（E3）の計算式をセル（E4
～E7）に複写する。

	A	B	C	D	E	F	G
1	パスタ売上一覧表						
2	種類	価格	土曜日	日曜日	売上計	売上高	
3	カルボナーラ	840	56	40	=C3+D3	47040	
4	ナポリタン	740	73	82		54020	
5	ペペロンチーノ	600	28	33		16800	
6	ボンゴレ	840	52	44		43680	
7	ミートソース	640	81	70		51840	
8							

❺　セル（F3）の計算式を，「＝B3＊E3」に修正する。

	A	B	C	D	E	F	G
1	パスタ売上一覧表						
2	種類	価格	土曜日	日曜日	売上計	売上高	
3	カルボナーラ	840	56	40	96	=B3*E3	
4	ナポリタン	740	73	82	155	54020	
5	ペペロンチーノ	600	28	33	61	16800	
6	ボンゴレ	840	52	44	96	43680	
7	ミートソース	640	81	70	151	51840	
8							

❻　セル（F3）の計算式を，セル（F4～F7）に複写する。

	A	B	C	D	E	F	G
1	パスタ売上一覧表						
2	種類	価格	土曜日	日曜日	売上計	売上高	
3	カルボナーラ	840	56	40	96	80640	
4	ナポリタン	740	73	82	155	114700	
5	ペペロンチーノ	600	28	33	61	36600	
6	ボンゴレ	840	52	44	96	80640	
7	ミートソース	640	81	70	151	96640	
8							
9							

行の挿入

❶　3行目の「カルボナーラ」の下に2行挿入したいので，下にある行番号4と行
番号5を選択する。選択した範囲内で右クリックし，ポップアップメニューか
ら［挿入］をクリックする。

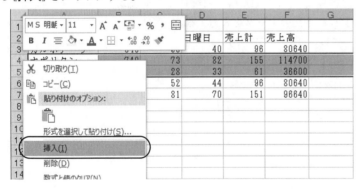

❷ 挿入された行のセル（A4～D5）に下記のデータを入力する。

A4…たらこ　　　B4…680　　　C4…0　　　D4…39
A5…バジリコ　　B5…600　　　C5…0　　　D5…21

	A	B	C	D	E	F	G
1	パスタ売上一覧表						
2	種類	価格	土曜日	日曜日	売上計	売上高	
3	カルボナーラ	840	56	40	96	80640	
4	たらこ	680	0	39			
5	バジリコ	600	0	21			
6	ナポリタン	740	73	82	155	114700	
7	ペペロンチーノ	600	28	33	61	36600	
8	ボンゴレ	840	52	44	96	80640	
9	ミートソース	640	81	70	151	96640	
10							

❸ セル（E3）とセル（F3）に入力されている計算式を，セル（E4～F5）に複写したいので，セル（E3～F3）を選択し，右下隅の四角形（フィルハンドル）にマウスポインタを合わせ，✚を下方向にドラッグする。

	A	B	C	D	E	F	G
1	パスタ売上一覧表						
2	種類	価格	土曜日	日曜日	売上計	売上高	
3	カルボナーラ	840	56	40	96	80640	
4	たらこ	680	0	39			
5	バジリコ	600	0	21			
6	ナポリタン	740	73	82	155	114700	
7	ペペロンチーノ	600	28	33	61	36600	
8	ボンゴレ	840	52	44	96	80640	
9	ミートソース	640	81	70	151	96640	
10							

❹ セル（E4～F5）に計算式が複写され，値が表示される。

	A	B	C	D	E	F	G
1	パスタ売上一覧表						
2	種類	価格	土曜日	日曜日	売上計	売上高	
3	カルボナーラ	840	56	40	96	80640	
4	たらこ	680	0	39	39	26520	
5	バジリコ	600	0	21	21	12600	
6	ナポリタン	740	73	82	155	114700	
7	ペペロンチーノ	600	28	33	61	36600	
8	ボンゴレ	840	52	44	96	80640	
9	ミートソース	640	81	70	151	96640	
10							

表の移動

移動の操作により，行や列を挿入したのと同じような状態にすることができる。

方法①：ドラッグ&ドロップ機能による移動

❶ セル（A1～F9）を選択し，選択した外枠をポイントすると，マウスポインタが に変化する。そのまま下方向にドラッグすると，マウスポインタが に なり，ポップヒントで移動先のセル範囲に「A3：F11」が表示されたらドロップする。

	A	B	C	D	E	F	G
1	パスタ売上一覧表						
2	種類	価格	土曜日	日曜日	売上計	売上高	
3	カルボナーラ	840	56	40	96	80640	
4	たらこ	680	0	39	39	26520	
5	バジリコ	600	0	21	21	12600	
6	ナポリタン	740	73	82	155	114700	
7	ペペロンチーノ	600	28	33	61	36600	
8	ボンゴレ	840	52	44	96	80640	
9	ミートソース	640	81	70	151	96640	
10							
11							
12			A3:F11				
13							

❷ 同様に，セル（A3）をクリックし，外枠をポイントする。マウスポインタが のときにドラッグして，セル（A2）でドロップする。

	A	B	C	D	E	F	G
1							
2							
3	パスタ売上一覧表						
4	種類	価格	土曜日	日曜日	売上計	売上高	
5	カルボナーラ	840	56	40	96	80640	
6	たらこ	680	0	39	39	26520	
7	バジリコ	600	0	21	21	12600	
8	ナポリタン	740	73	82	155	114700	
9	ペペロンチーノ	600	28	33	61	36600	
10	ボンゴレ	840	52	44	96	80640	
11	ミートソース	640	81	70	151	96640	
12							

❸ タイトルの「パスタ売上一覧表」の行の前後に1行ずつ挿入したのと同じ状態になる。

	A	B	C	D	E	F	G
1							
2	パスタ売上一覧表						
3							
4	種類	価格	土曜日	日曜日	売上計	売上高	
5	カルボナーラ	840	56	40	96	80640	
6	たらこ	680	0	39	39	26520	
7	バジリコ	600	0	21	21	12600	
8	ナポリタン	740	73	82	155	114700	
9	ペペロンチーノ	600	28	33	61	36600	
10	ボンゴレ	840	52	44	96	80640	
11	ミートソース	640	81	70	151	96640	
12							

▶ **Point**

ドラッグ
左ボタンを押したままにする。

ドロップ
左ボタンを離す。

▶ **セル範囲の複写**
セル範囲を選択し，Ctrlを押しながら外枠をポイントする。マウスポインタの形が のときドラッグし，任意の場所でドロップすると，セル範囲を複写（コピー）することができる。

方法②：カット＆ペースト機能による移動

❶ セル（A1〜F9）を選択し，［ホーム］→ ✂ (切り取り)をクリックする。

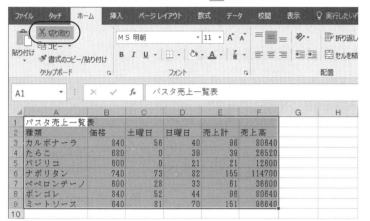

❷ 切り取ったセル範囲を貼り付けたい場所の，左上隅の位置にあるセル（A3）をクリックし，［ホーム］→ 📋(貼り付け)をクリックする。

❸ 切り取ったセル範囲が，セル（A3）を左上隅のセル位置として貼り付けられる。

❹ 同様に，セル（A3）をクリックして ✂ (切り取り)をクリックする。セル（A2）をクリックし， 📋(貼り付け)をクリックする。

行の削除

❶ 行番号10をクリックし，選択した範囲内で右クリックし，ポップアップメニューから［削除］をクリックする。

	A	B	C	D	E	F	G
1							
2	パスタ売上一覧表						
3							
4	種類	価格	土曜日	日曜日	売上計	売上高	
5	カルボナーラ	840	56	40	96	80640	
6	たらこ	680	0	39	39	26520	
7	バジリコ	600	0	21	21	12600	
8	ナポリタン	740	73	82	155	114700	
9	ペペロンチーノ	600	28	33	61	36600	
10	ボンゴレ	840		52	44	96	80640	
11				81	70	151	96640	

（ポップアップメニュー）
- ✂ 切り取り(T)
- 📋 コピー(C)
- 📋 貼り付けのオプション：
  - 📋
- 形式を選択して貼り付け(S)...
- 挿入(I)
- 削除(D)
- 数式と値のクリア(N)

❷ 「ボンゴレ」の行が削除され，下の行が上側につめて表示される。

	A	B	C	D	E	F	G
1							
2	パスタ売上一覧表						
3							
4	種類	価格	土曜日	日曜日	売上計	売上高	
5	カルボナーラ	840	56	40	96	80640	
6	たらこ	680	0	39	39	26520	
7	バジリコ	600	0	21	21	12600	
8	ナポリタン	740	73	82	155	114700	
9	ペペロンチーノ	600	28	33	61	36600	
10	ミートソース	640	81	70	151	96640	
11							

▶ **Point**
列番号や行番号をクリックし，［ホーム］→［セル］グループの［挿入］［削除］［書式］より，行・列の挿入や削除，さらに，列幅・行高などの書式を設定することができる。

- 📊 セルの挿入(E)
- 📊 シートの行を挿入(R)
- 📊 シートの列を挿入(C)
- 📊 シートの挿入(S)

筆記練習 　3

(1) ワークシートの離れた場所にあるセル範囲を，同時に指定するときに使用するキーを答えなさい。

　ア．[Shift]キー　　　　　　　イ．[Alt]キー　　　　　　　ウ．[Ctrl]キー

(2) セルに入力した文字データを，連続したデータとして他のセルに複写したいとき，マウスポインタを合わせる部分として正しいものを答えなさい。

　ア．4月　　　　　　　イ．4月　　　　　　　ウ．4月

(3) 次の表について，①②の設問に答えなさい。

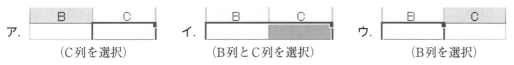

①　E2に「= A2 + B2 ^ C2/D2」の計算式が入力されているとき，E2に表示される値を答えなさい。

②　A2に入力されている値を変更したところ，E2の値も変更された。このような機能を何というか。
　　ア．オートフィル　　　　　　イ．コピー＆ペースト　　　　　ウ．再計算

(4) B列のデータを削除したい。これを実行するための正しい指定方法を答えなさい。

ア.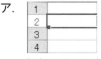
（C列を選択）
イ.
（B列とC列を選択）
ウ.
（B列を選択）

(5) 2行目と3行目の間に，データを追加するために1行分の空白行を挿入したい。これを実行するための正しい指定方法を答えなさい。

ア.
（2行目を選択）
イ.
（3行目を選択）
ウ.
（2行目，3行目を選択）

(6) A列とB列の間に，データを追加するために2列分の空白列を挿入したい。これを実行するための正しい指定方法を答えなさい。

ア. （B列とC列を選択）

イ. （A列とB列を選択）

ウ. （A列とC列を選択）

(1)		(2)		(3)①		②	
(4)		(5)		(6)			

6 計算式の入力・複写(2)

例題 5 パスタ売上一覧表⑤

パスタ売上一覧表④に,「合計」と「売上比率」を追加しなさい。

【出力結果】

	A	B	C	D	E	F	G	H
1								
2	パスタ売上一覧表							
3								
4	種類	価格	土曜日	日曜日	売上計	売上高	売上比率	
5	カルボナーラ	840	56	40	96	80640	0.219309	
6	たらこ	680	0	39	39	26520	0.072124	
7	バジリコ	600	0	21	21	12600	0.034287	
8	ナポリタン	740	73	82	155	114700	0.311939	
9	ペペロンチーノ	600	28	33	61	36600	0.099538	
10	ミートソース	640	81	70	151	96640	0.262823	
11		合計	238	285	523	367700		
12								

作成条件

① 11行目の「合計」は,各列の合計を求める。

② G列の「売上比率」は,「売上高」の「合計」に対する各種類の「売上高」の割合を求める。

計算式の入力

❶ セル(B11)に「合計」,セル(G4)に「売上比率」を入力する。

❷ セル(C11)をクリックし,キーボードやマウスを使って次の計算式を入力する。

「 = C5 + C6 + C7 + C8 + C9 + C10」

C10	▼	:	× ✓	fx	=C5+C6+C7+C8+C9+C10			
	A	B	C	D	E	F	G	H
1								
2	パスタ売上一覧表							
3								
4	種類	価格	土曜日	日曜日	売上計	売上高	売上比率	
5	カルボナーラ	840	56	40	96	80640		
6	たらこ	680	0	39	39	26520		
7	バジリコ	600	0	21	21	12600		
8	ナポリタン	740	73	82	155	114700		
9	ペペロンチーノ	600	28	33	61	36600		
10	ミートソース	640	81	70	151	96640		
11		合計	=C5+C6+C7+C8+C9+C10					
12								

❸ セル(C11)をクリックし,オートフィル機能を使って,セル(D11〜F11)に計算式を複写する。

C11	▼	:	× ✓	fx	=C5+C6+C7+C8+C9+C10			
	A	B	C	D	E	F	G	H
1								
2	パスタ売上一覧表							
3								
4	種類	価格	土曜日	日曜日	売上計	売上高	売上比率	
5	カルボナーラ	840	56	40	96	80640		
6	たらこ	680	0	39	39	26520		
7	バジリコ	600	0	21	21	12600		
8	ナポリタン	740	73	82	155	114700		
9	ペペロンチーノ	600	28	33	61	36600		
10	ミートソース	640	81	70	151	96640		
11		合計	238					
12								

❹　セル (G5) をクリックし，「 = F5/F11」の計算式を入力する。セル (G5) の計
　算式を，オートフィル機能を使って，セル (G6〜G10) に複写する。

	G5	▼	⋮	×	✓	fx	=F5/F11	

◢	A	B	C	D	E	F	G	H
1								
2	パスタ売上一覧表							
3								
4	種類	価格	土曜日	日曜日	売上計	売上高	売上比率	
5	カルボナーラ	840	56	40	96	80640	0.219309	
6	たらこ	680	0	39	39	26520		
7	バジリコ	600	0	21	21	12600		
8	ナポリタン	740	73	82	155	114700		
9	ペペロンチーノ	600	28	33	61	36600		
10	ミートソース	640	81	70	151	96640		
11		合計	238	285	523	367700		
12								

❺　セル (G6〜G10) に，「 # DIV/0 ! 」のエラー表示がされた。

◢	A	B	C	D	E	F	G	H
1								
2	パスタ売上一覧表							
3								
4	種類	価格	土曜日	日曜日	売上計	売上高	売上比率	
5	カルボナーラ	840	56	40	96	80640	0.219309	
6	たらこ	680	0	39	39	26520	#DIV/0!	
7	バジリコ	600	0	21	21	12600	#DIV/0!	
8	ナポリタン	740	73	82	155	114700	#DIV/0!	
9	ペペロンチーノ	600	28	33	61	36600	#DIV/0!	
10	ミートソース	640	81	70	151	96640	#DIV/0!	
11		合計	238	285	523	367700		
12								

　エラー表示「 # DIV/0 ! 」は，セルの数値を0 (ゼロ) または値が含まれていな
いセルで割り算した場合に表示される。
　エラー値が表示されているセル (G6) をクリックすると，数式バーに「 = F6/
F12」が表示される。セル (G6) の計算式は，正しくは「 = F6/F11」でなければな
らない。同様に，セル (G7) には「 = F7/F13」が入力されており，正しくは「 =
F7/F11」である。これらから，セル (G6〜G10) には，「売上高」を，空白の「合計」
で割る計算式が入力されており，これがエラー表示の原因であることがわかる。
　セル (G5) の計算式を，オートフィル機能を使って下方向に複写したので，そ
れぞれの割られる数の「売上高」のセル番地とともに，割る数の「合計」のセル番
地も，下方向にずれて行番号が1つずつ変化して複写された。しかし，この場合，
どの計算式においても割る数の「合計」のセル番地は，常にセル (F11) でなけれ
ばならない。

絶対参照による計算式の入力・複写

計算式を複写しても，セル番地の列番号や行番号が変化しないように，セル参照式のセル番地を絶対参照に設定することができる。

❶ セル (G5〜G10) の計算式を，[Delete]を押して消去する。セル (G5) をクリックして，「＝F5/」と入力し，さらにセル (F11) をクリックする。計算式が「＝F5/F11」となったところで，キーボード最上段の[F4]を1度押して，「＝F5/$F$11」とし，[Enter]を押す。なお，計算式は，キーボードから直接入力してもよい。

▶ **Point**

[F4]を1度押すごとに，セル番地は次のように変化する。

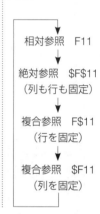

相対参照　F11

絶対参照　$F$11
（列も行も固定）

複合参照　F$11
（行を固定）

複合参照　$F11
（列を固定）

▲	A	B	C	D	E	F	G	H
1								
2	パスタ売上一覧表							
3								
4	種類	価格	土曜日	日曜日	売上計	売上高	売上比率	
5	カルボナーラ	840	56	40	96	80640	=F5/$F$11	
6	たらこ	680	0	39	39	26520		
7	バジリコ	600	0	21	21	12600		
8	ナポリタン	740	73	82	155	114700		
9	ペペロンチーノ	600	28	33	61	36600		
10	ミートソース	640	81	70	151	96640		
11		合計	238	285	523	367700		
12								

❷ セル (G5) の計算式を，セル (G6〜G10) に複写すると，正しい値が表示される。

▲	A	B	C	D	E	F	G	H
1								
2	パスタ売上一覧表							
3								
4	種類	価格	土曜日	日曜日	売上計	売上高	売上比率	
5	カルボナーラ	840	56	40	96	80640	0.219309	
6	たらこ	680	0	39	39	26520	0.072124	
7	バジリコ	600	0	21	21	12600	0.034287	
8	ナポリタン	740	73	82	155	114700	0.311939	
9	ペペロンチーノ	600	28	33	61	36600	0.099538	
10	ミートソース	640	81	70	151	96640	0.262823	
11		合計	238	285	523	367700		
12								

◆セル番地の参照

相対参照（例：A1）

列番号と行番号のみでセル番地を表したもの。セル参照式を複写したり移動したりしたとき，縦方向と横方向の相対的な位置関係によって自動的にセル番地が変化する。

絶対参照（例：$A$1）

列番号と行番号の前にそれぞれ＄を付けて，「＄列番号＄行番号」でセル番地を表したもの。セル参照式を複写したり移動したりしても，セル番地は固定されて変化しない。

複合参照（例：$A1，A$1）

列番号と行番号のどちらか一方にだけ＄を付けてセル番地を表したもの。セル参照式を複写したり移動したりしたとき，＄を付けた行や列のセル番地は固定されるが，付けていない行や列のセル番地は変化する。

7 レイアウトの整え方(1)

例題 6 パスタ売上一覧表⑥

パスタ売上一覧表⑤のレイアウトを，下記のように整えなさい。

【出力結果】

	A	B	C	D	E	F	G	H
1								
2				パスタ売上一覧表				
3								
4		種類	価格	土曜日	日曜日	売上計	売上高	売上比率
5	カルボナーラ	¥840	56	40	96	80,640	21.9%	
6	たらこ	¥680	0	39	39	26,520	7.2%	
7	バジリコ	¥600	0	21	21	12,600	3.4%	
8	ナポリタン	¥740	73	82	155	114,700	31.2%	
9	ペペロンチーノ	¥600	28	33	61	36,600	10.0%	
10	ミートソース	¥640	81	70	151	96,640	26.3%	
11		合計	238	285	523	367,700		
12								

作成条件

① 表のタイトルの「パスタ売上一覧表」のフォントサイズを，14ポイントにする。

② A2～G2のセルを結合させて，データを中央揃え（センタリング）にする。

③ 4行目とB11のデータを，中央揃え（センタリング）にする。

④ B5～B10のデータを，通貨表示形式（¥）にする。

⑤ C5～F11のデータを，桁区切りスタイル（3桁ごとに「，」を付ける）にする。

⑥ G5～G10のデータを，パーセントスタイルにし，小数第1位まで表示する。

配置・数値

書式を変更したいセル範囲を選択し，[ホーム]の各ボタンで設定する。

❶ セル（A2）をクリックし，[フォントサイズ]の ▾ をクリックし，「14」を選択する。

❷ セル（A2～G2）を選択し， ▦（セルを結合して中央揃え）をクリックする。
なお，解除するときは，再度このボタンをクリックする。

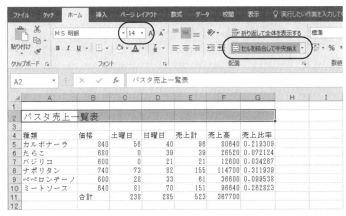

▶ **Point**

フォントサイズの拡大
↓
A˄ A˅
↑
フォントサイズの縮小

❸　行番号4をクリックし，[Ctrl]を押しながらセル（B11）をクリックし，≡（中央揃え）をクリックする。

	A	B	C	D	E	F	G	H
1								
2			パスタ売上一覧表					
3								
4	種類	価格	土曜日	日曜日	売上計	売上高	売上比率	
5	カルボナーラ	840	56	40	96	80640	0.219309	
6	たらこ	680	0	39	39	26520	0.072124	
7	バジリコ	600	0	21	21	12600	0.034267	
8	ナポリタン	740	73	82	155	114700	0.311939	
9	ペペロンチーノ	600	28	33	61	36600	0.099538	
10	ミートソース	640	81	70	151	96640	0.262823	
11		合計	238	285	523	367700		
12								

❹　セル（B5～B10）を選択し，🖳（通貨表示形式）をクリックする。表示形式が「通貨」になる。解除するときは，表示形式を「標準」にする。

❺　セル（C5～F11）を選択し，，（桁区切りスタイル）をクリックする。表示形式が「桁区切り」になる。

❻　セル（G5～G10）を選択し，%（パーセントスタイル）をクリックする。表示形式が「パーセンテージ」になる。

	A	B	C	D	E	F	G	H
1								
2			パスタ売上一覧表					
3								
4	種類	価格	土曜日	日曜日	売上計	売上高	売上比率	
5	カルボナーラ	¥840	56	40	96	80,640	22%	
6	たらこ	¥680	0	39	39	26,520	7%	
7	バジリコ	¥600	0	21	21	12,600	3%	
8	ナポリタン	¥740	73	82	155	114,700	31%	
9	ペペロンチーノ	¥600	28	33	61	36,600	10%	
10	ミートソース	¥640	81	70	151	96,640	26%	
11		合計	238	285	523	367,700		
12								

❼　セル（G5～G10）が選択された状態で，⟵.0⁄.00（小数点以下の表示桁数を増やす）を1回クリックする。

◆書式のクリア

設定した表示形式を，一度に解除（クリア）するには，セル範囲を選択し，［編集］の🧽クリアをクリックし，［書式のクリア］をクリックする。

参考
「桁区切りスタイル」や「パーセントスタイル」についても，解除するときは，表示形式を「標準」にする。

▶Point
小数部分の多い数値の場合，セル幅に合わせた桁数で，見かけ上，四捨五入されたように表示される。

▶Point
小数点以下の桁数を減らす場合は，［小数点以下の表示桁数を減らす］をクリックする。

8 並べ替え

例題 7 パスタ売上一覧表⑦

パスタ売上一覧表⑥を,「売上高」を基準にして降順に並べ替えなさい。

【出力結果】

	A	B	C	D	E	F	G	H
1								
2			パスタ売上一覧表					
3								
4	種類	価格	土曜日	日曜日	売上計	売上高	売上比率	
5	ナポリタン	¥740	73	82	155	114,700	31.2%	
6	ミートソース	¥640	81	70	151	96,640	26.3%	
7	カルボナーラ	¥840	56	40	96	80,640	21.9%	
8	ペペロンチーノ	¥600	28	33	61	36,600	10.0%	
9	たらこ	¥680	0	39	39	26,520	7.2%	
10	バジリコ	¥600	0	21	21	12,600	3.4%	
11		合計	238	285	523	367,700		
12								

キー項目・順序

表のある項目(列)を基準として,小さい順(昇順)または大きい順(降順)に並べ替えることができる。

❶ 並べ替える範囲として,4行目の項目を含めてセル(A4〜G10)を選択する。

	A	B	C	D	E	F	G	H
1								
2			パスタ売上一覧表					
3								
4	種類	価格	土曜日	日曜日	売上計	売上高	売上比率	
5	カルボナーラ	¥840	56	40	96	80,640	21.9%	
6	たらこ	¥680	0	39	39	26,520	7.2%	
7	バジリコ	¥600	0	21	21	12,600	3.4%	
8	ナポリタン	¥740	73	82	155	114,700	31.2%	
9	ペペロンチーノ	¥600	28	33	61	36,600	10.0%	
10	ミートソース	¥640	81	70	151	96,640	26.3%	
11		合計	238	285	523	367,700		
12								

参考
並べ替えの基準となる項目を,**キー項目**という。

❷ [データ]→[並べ替え]をクリックする。

❸ [並べ替え]のダイアログボックスで[最優先されるキー]に,並べ替えの基準になる「売上高」,[順序]に「大きい順」を選択し, OK をクリックする。

参考
Excel 2013の場合,[順序]の「大きい順」は「降順」,「小さい順」は「昇順」と表示される。

▶**Point**
並べ替える範囲を,項目(見出し)を含めて指定した場合は,[**先頭行をデータの見出しとして使用する**]にチェックが付く。

〈❸の別法〉

　並べ替える範囲に，項目行を含めずにセル（A5〜G10）を指定する方法もある。
ただし，[最優先されるキー]を設定するとき，項目名が表示されないので，列
番号で指定する。また，[先頭行をデータの見出しとして使用する]にチェック
をつけない。

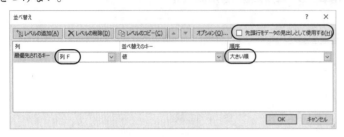

◆並べ替えの順序（昇順・降順）

不規則に並んでいるデータを整列させる基準に，昇順と降順がある。

昇順（ascending order）

　数値や英字，ひらがな，カタカナ，日付，時刻，曜日など，連続性のあるデー
タについて，本来定められている順序どおりにたどること。正順ともいう。

　（例）数値：0　1　2　3　・・・小さい値から大きい値へ

　　　　英字：A　B　C　D　・・・AからZに向かう方向へ

　　　　ひらがな・カタカナ：50音順へ

　　　　日付・時刻：古いものから新しいものへ

降順（descending order）

　本来定められている順序とは逆方向にたどること。逆順ともいう。

　（例）数値：9　8　7　6　・・・大きい値から小さい値へ

　　　　英字：Z　Y　X　W　・・・ZからAに向かう方向へ

　　　　ひらがな・カタカナ：50音順と逆方向へ

　　　　日付・時刻：新しいものから古いものへ

複数のキー項目による並べ替え

　複数のキー項目を設定して並べ替えることもできる。[レベルの追加]をクリ
ックして，[次に優先されるキー]を設定する。

（例）「価格」について小さい順（昇順）に並べ替える。ただし，「価格」が同じ場合は，
　　　「売上高」について大きい順（降順）に並べ替える。

　必要のないキー項目は[レベルの削除]を行う。また，優先されるキーの順位
は　▲　と　▼　で変更することができる。

9 レイアウトの整え方(2)

例題 8 パスタ売上一覧表⑧

パスタ売上一覧表⑦のレイアウトを，下記のように整えなさい。

【出力結果】

	A	B	C	D	E	F	G	H
1								
2			パスタ売上一覧表					
3								
4	種類	価格	土曜日	日曜日	売上計	売上高	売上比率	
5	ナポリタン	¥740	73	82	155	114,700	31.2%	
6	ミートソース	¥640	81	70	151	96,640	26.3%	
7	カルボナーラ	¥840	56	40	96	80,640	21.9%	
8	ペペロンチーノ	¥600	28	33	61	36,600	10.0%	
9	たらこ	¥680	0	39	39	26,520	7.2%	
10	バジリコ	¥600	0	21	21	12,600	3.4%	
11		合計	238	285	523	367,700		
12								

作成条件

① セル (G4) の「売上比率」を，セル内で改行する。

② 4行目の行高を30.00にする。

③ 表に細線，太線，二重線を引く。

セル内改行

❶ セル (G4) をクリックし，数式バーに表示された「売上比率」の「上」と「比」の間をクリックして，カーソルを合わせる。

| × | ✓ | ƒx | 売上|比率 | ⌄ |

❷ Alt を押しながら Enter を押すと，セル内(セルの中)で改行される。さらに Enter のみを押すと，セル内での改行が確定する。

	A	B	C	D	E	F	G	H
1								
2			パスタ売上一覧表					
3								
4	種類	価格	土曜日	日曜日	売上計	売上高	売上比率	
5	ナポリタン	¥740	73	82	155	114,700	31.2%	
6	ミートソース	¥640	81	70	151	96,640	26.3%	
7	カルボナーラ	¥840	56	40	96	80,640	21.9%	
8	ペペロンチーノ	¥600	28	33	61	36,600	10.0%	
9	たらこ	¥680	0	39	39	26,520	7.2%	
10	バジリコ	¥600	0	21	21	12,600	3.4%	
11		合計	238	285	523	367,700		
12								

▶ **Point**
セルの書式設定が[折り返して全体を表示する]の場合は，列幅に合わせて，列幅を超えた文字が自動的に改行される。セル内改行の場合は，列幅に関係なく，指定した文字位置で，改行することができる。

❸ セル (G4) をクリックすると，数式バーには，「売上」とだけ1行で表示されるが，数式バーの右端の ⌄ をクリックすると，セル内で改行されたデータをすべて表示させることができる。また， ⌃ をクリックすると，元のように1行で表示される。

| × | ✓ | ƒx | 売上 | (⌄) |

| × | ✓ | ƒx | 売上
比率 | (⌃) |

行高の変更

❶ 行番号4と行番号5の境界線をポイントして，マウスポインタが ✛ に変化したら，下方向にドラッグし，ポップヒントの高さが「30.00」になるように調整する。

▲	A	B	C	D	E	F	G	H
1								
2			パスタ売上一覧表					
3								
4	種類	価格	土曜日	日曜日	売上計	売上高	売上比率	
5	ナポリタン	¥740	73	82	155	114,700	31.2%	
6	ミートソース	¥640	81	70	151	96,640	26.3%	
7	カルボナーラ	¥840	56	40	96	80,640	21.9%	
8	ペペロンチーノ	¥600	28	33	61	36,600	10.0%	
9	たらこ	¥680	0	39	39	26,520	7.2%	
10	バジリコ	¥600	0	21	21	12,600	3.4%	
11		合計	238	285	523	367,700		
12								

高さ: 30.00 (40 ピクセル)

罫線

指定したセル範囲の上下，左右，外枠などに罫線メニューから様々な種類の線を引くことができる。

❶ セル (A4〜G10) を選択し，さらに Ctrl を押しながらセル (B11〜F11) を選択する。

❷ [ホーム]→[フォント]の ⊞▼ をクリックし，右のような罫線メニューから ⊞ (格子) をクリックする。

▲	A	B	C	D	E	F	G	H
1								
2			パスタ売上一覧表					
3								
4	種類	価格	土曜日	日曜日	売上計	売上高	売上比率	
5	ナポリタン	¥740	73	82	155	114,700	31.2%	
6	ミートソース	¥640	81	70	151	96,640	26.3%	
7	カルボナーラ	¥840	56	40	96	80,640	21.9%	
8	ペペロンチーノ	¥600	28	33	61	36,600	10.0%	
9	たらこ	¥680	0	39	39	26,520	7.2%	
10	バジリコ	¥600	0	21	21	12,600	3.4%	
11		合計	238	285	523	367,700		
12								

❸ 続けて，⊞ (太い外枠) をクリックする。

▲	A	B	C	D	E	F	G	H
1								
2			パスタ売上一覧表					
3								
4	種類	価格	土曜日	日曜日	売上計	売上高	売上比率	
5	ナポリタン	¥740	73	82	155	114,700	31.2%	
6	ミートソース	¥640	81	70	151	96,640	26.3%	
7	カルボナーラ	¥840	56	40	96	80,640	21.9%	
8	ペペロンチーノ	¥600	28	33	61	36,600	10.0%	
9	たらこ	¥680	0	39	39	26,520	7.2%	
10	バジリコ	¥600	0	21	21	12,600	3.4%	
11		合計	238	285	523	367,700		
12								

❹ セル (A4〜G4) を選択し，⊞ (太い外枠) をクリックする。

❺ セル (B11〜F11) を選択し，[ホーム]→[フォント] グループの右下隅のボタンをクリックし，表示された[セルの書式設定]より[罫線]を選択する。

▶罫線メニュー

罫線
- ⊞ 下罫線(O)
- ⊞ 上罫線(P)
- ⊞ 左罫線(L)
- ⊞ 右罫線(R)
- ⊞ 枠なし(N)
- ⊞ 格子(A)
- ⊞ 外枠(S)
- ⊞ 太い外枠(T)
- ⊞ 下二重罫線(B)
- ⊞ 下太罫線(H)
- ⊞ 上罫線 + 下罫線(D)
- ⊞ 上罫線 + 下太罫線(C)
- ⊞ 上罫線 + 下二重罫線(U)

罫線の作成
- 🖉 罫線の作成(W)
- 🖉 罫線グリッドの作成(G)
- ✐ 罫線の削除(E)
- 🖉 線の色(I) ▶
-   線のスタイル(Y) ▶
- ⊞ その他の罫線(M)…

直前に用いたメニューが，[罫線]ボタンとして表示される。

参考
Excel 2013の場合，「太い外枠」は「外枠太罫線」と表示される。

▶**Point**
引いた罫線を消去したいときは，セル範囲を選択し，罫線メニューより ⊞ (枠なし)を選択する。

セル範囲の罫線のイメージが表示され，罫線を部分的に変更したり消去したりすることができる。

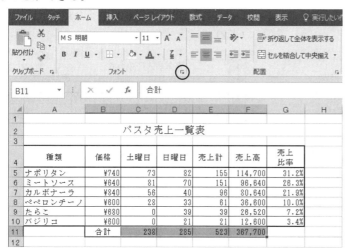

参考
セル範囲を選択して右クリックし，[セルの書式設定]より[罫線]で設定することもできる。

線のスタイルより二重線を選択し，下側をクリックして，太線から二重線に変更し，[OK]をクリックする。セル範囲の外枠や内側のほかに，☑と☑でセル内に斜め線を引くこともできる。

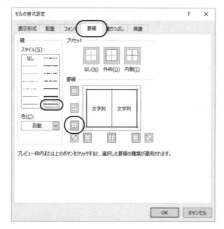

参考
セル（B11〜F11）を選択し，罫線メニューより▦（下二重罫線）を選択して設定することもできる。

▶ **Point**
表示されているセル範囲で，すでに罫線が引かれている部分をクリックすると，その部分の罫線を消すことができる。
また，セル範囲のすべての罫線を消したい場合は，[プリセット]の[なし]を選択する。

◆**罫線の作成・削除**

　罫線メニューの[罫線の作成][罫線の削除]を用いると，マウスポインタを鉛筆や消しゴムの形に変えて，ドラッグして罫線を引いたり，消したりすることができる。
　操作を解除したいときは，[Esc]を押す。

◆**線の種類**

種類	意味	例
細線	連続した細い線	———————————
太線	連続した太い線	———————————
二重線	連続した二重の線	═══════════
破線	隙間を一定の間隔で規則的に繰り返した線	− − − − − − − − −
点線	点を一定間隔で繰り返した線	··················

▶ **Point**
罫線のスタイルは，既定では細線の実線になっているが，線のスタイルにより太線や他の種類に変更することができる。

筆記練習 **4**

(1) 下記の表1のレイアウトを整えて表2のようにしたいとき，①～⑤の設問に答えなさい。

（表1）

	A	B	C	D	E
1		高齢者人口の割合			
2				単位：万人	
3	年	総人口	65歳以上	割合(%)	
4	2010	12747	2874	22.54648	
5	2015	12627	3277	25.95232	
6	2020	12411	3456	27.84627	
7	2025	12114	3473	28.66931	

（表2）

	A	B	C	D
1		高齢者人口の割合		
2				単位：万人
3	年	総人口	65歳以上人口	割合(%)
4	2010	12,747	2,874	22.5
5	2015	12,627	3,277	26.0
6	2020	12,411	3,456	27.8
7	2025	12,114	3,473	28.7

① C列の列幅を広げるとき，マウスポインタを合わせる場所として適切なものを答えなさい。

② 3行目の項目を中央揃えにするとき，指定するボタンを答えなさい。

③ B4～C7に3桁ごとのコンマを表示させるとき，指定するボタンを答えなさい。

④ D4～D7の数値を小数第1位まで表示させるとき，指定するボタンを答えなさい。

⑤ A3～D7に格子の罫線を引くとき，指定する罫線ボタンを答えなさい。

```
┌─ 解答群 ─────────────────────────────────────────┐
│  ア. [⋮⋮⋮]   イ. [⊞]   ウ. [≡]   エ. [≡]   オ. [ B ↔ C ]  │
│                                                          │
│  カ. [%]   キ. [←.0/.00]   ク. [.00/→.0]   ケ. [,]   コ. [ C ↔ D ]  │
└─────────────────────────────────────────────────┘
```

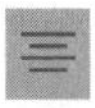

(1)	①		②		③		④		⑤	

(2) 下記の表3について，①～③の設問に答えなさい。

（表3）

	A	B	C	D
1	コーヒー生豆の国別輸入量			
2				単位：トン
3	国名	2000年	2015年	割合
4	ブラジル	90,104	140,127	32.2%
5	ベトナム	25,315	81,280	18.7%
6	コロンビア	70,463	78,918	18.1%
7	インドネシア	69,906	41,366	9.5%
8	グアテマラ	28,060	31,930	7.3%
9	その他	98,382	61,660	14.2%
10	合計	######	435,281	100.0%

① B10は，「2000年」の「合計」を求めているが，値が正しく表示されていない。その理由として適切なものを答えなさい。

　　ア．B列の列幅が狭い　　　　イ．9行目の行高が狭い　　　ウ．計算式に誤りがある

② C4～C8のデータは，どのような順に並んでいるか。適切なものを答えなさい。

　　ア．正順　　　　　　　　　　イ．昇順　　　　　　　　　ウ．降順

③ D列の「割合」は，「2015年」の「合計」に対する「2015年」の各国の割合を求めている。D4の計算式として適切なものを選びなさい。ただし，この式をD5～D10にコピーするものとする。

　　ア．=$C$4/$C$10　　　　　　イ．=$C$4/C10　　　　　　ウ．=C4/$C$10

(2)	①		②		③	

50 Part Ⅱ　Excel編

　次の資料は，あるカフェの10周年キャンペーンを実施した3〜5月の売上を示したものである。資料と作成条件にしたがって，下の表を作成しなさい。

資料

キャンペーン商品

対象商品	割引価格
アメリカン	250
ブレンド	250
エスプレッソ	260
カフェオレ	280
カプチーノ	310

キャンペーン中の売上数

対象商品	3月	4月	5月
アメリカン	1,320	1,515	1,480
ブレンド	1,518	1,386	1,584
エスプレッソ	892	1,023	925
カフェオレ	1,206	1,030	1,180
カプチーノ	660	726	733

作成条件

① 表の体裁は，下の表を参考にして設定する。

　　　　設 定 す る 書 式：罫線の種類，行高，セル内の配置
　　　　設定する数値の表示形式：3桁ごとのコンマ，通貨記号，％，小数の表示桁数

② 表の※印の部分は，式を入力して求める。また，※※の部分は，資料より必要な値を入力する。

③ 「売上金額」は，次の式で求める。

　　「割引価格 × （3月 ＋ 4月 ＋ 5月)」

④ 「合計」は，各列の合計を求める。

⑤ 「平均」は，次の式で求める。ただし，小数第1位まで表示する。

　　「合計 ÷ 5」

⑥ 「売上割合」は，次の式で求める。ただし，％で小数第1位まで表示する。

　　「売上金額 ÷ 売上金額の合計」

⑦ 表の作成後，5〜9行目のデータを「売上金額」を基準として，降順に並べ替える。

	A	B	C	D	E	F	G
1							
2			10周年キャンペーン売上一覧表				
3							
4	対象商品	割引価格	3月	4月	5月	売上金額	売上割合
5	アメリカン	※※	1,320	※※	1,480	1,078,750	23.7%
6	※※	¥250	※※	1,386	※※	※	※
7	エスプレッソ	※※	892	※※	925	※	※
8	※※	¥280	※※	1,030	※※	※	※
9	カプチーノ	※※	660	※※	733	※	※
10	合計		5,596	※	※	※	
11	平均		※	1,136.0	1,180.4	※	

Lesson 2 おもな関数

1 合計（SUM），平均（AVERAGE）

1 合計を求める（SUM）

書 式	=SUM（数値1，数値2，…）
使用例	=SUM（B5:G5）

▶ Point
数値1，数値2の部分は，:（コロン）を使って合計や平均を求めたい数値の範囲を指定することができる。

2 平均を求める（AVERAGE）

書 式	=AVERAGE（数値1，数値2，…）
使用例	=AVERAGE（B5:B10）

例題 9 上半期支店別売上高

次の表は，ある会社の支店別売上高を集計した表である。作成条件にしたがって表を完成させなさい。

上半期支店別売上高

単位：千円

店名	1月	2月	3月	4月	5月	6月	合計
札幌支店	1,286	1,326	1,487	1,655	1,860	2,003	※
仙台支店	1,865	1,733	1,635	1,782	1,825	1,983	※
東京支店	3,269	3,625	3,791	3,691	3,862	3,846	※
名古屋支店	2,564	2,368	2,466	2,681	2,861	2,907	※
大阪支店	2,854	2,745	2,690	2,934	3,091	3,184	※
福岡支店	2,013	2,259	2,099	1,994	2,287	2,567	※
平均	※	※	※	※	※	※	

作成条件

① 表の体裁（文字位置・罫線）は，上の表を参考にして各自が見やすいように設定する。

② ※印の部分は，式や関数を利用して計算を行い，結果を表示する。

③ 「合計」は，各行の合計を求める。

④ 「平均」は，各列の平均を求め，小数第1位まで表示する。

合計を求める（SUM）

❶ セル（H5）をクリックし，*fx*（関数の挿入）をクリックする。

❷ ［関数の挿入］のダイアログボックスが表示されたら，［関数の分類］から「数学／三角」を，［関数名］から，「SUM」を選択して OK をクリックする。

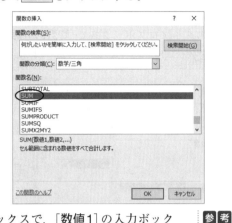

❸ 表示された［関数の引数］のダイアログボックスで，［数値1］の入力ボックスに合計を計算する範囲のセル「B5：G5」が入力されていることを確認し，OK をクリックする。

参考
セル(H5)をクリックし，直接キーボードから「=SUM(B5:G5)」と入力してもよい。

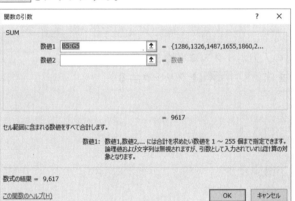

❹ セル（H5）に合計された数値が表示される。

	A	B	C	D	E	F	G	H
1								
2		上半期支店別売上高						
3							単位：千円	
4	店名	1月	2月	3月	4月	5月	6月	合計
5	札幌支店	1,286	1,326	1,487	1,655	1,860	2,003	9,617

❺ 以下，オートフィル機能を使って，セル（H6～H10）に計算式を複写する。

参考
オートSUM機能の利用した合計の求め方については，p.65参照。

平均を求める（AVERAGE）

❶ セル（B11）をクリックし，f_x（関数の挿入）をクリックする。

❷ ［関数の挿入］のダイアログボックスで［関数の分類］から「統計」を，［関数名］
から「AVERAGE」を選択して OK をクリックする。

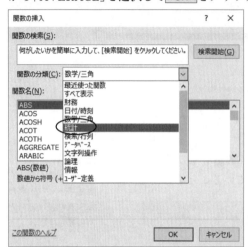 

❸ 表示されたダイアログボックスで，［数値1］の入力ボックスに平均を計算す
る範囲のセル「B5:B10」が入力されていることを確認し，OK をクリックする。

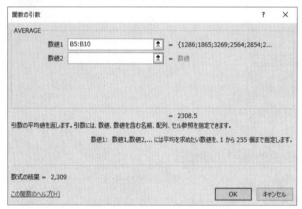

❹ セル（B11）に平均が表示される。

	A	B	C	D	E	F	G	H
1								
2		上半期支店別売上高						
3							単位：千円	
4	店名	1月	2月	3月	4月	5月	6月	合計
5	札幌支店	1,286	1,326	1,487	1,655	1,860	2,003	9,617
6	仙台支店	1,865	1,733	1,635	1,782	1,825	1,983	10,823
7	東京支店	3,269	3,625	3,791	3,691	3,862	3,846	22,084
8	名古屋支店	2,564	2,368	2,466	2,681	2,861	2,907	15,847
9	大阪支店	2,854	2,745	2,690	2,934	3,091	3,184	17,498
10	福岡支店	2,013	2,259	2,099	1,994	2,267	2,567	13,199
11	平均	2,309						
12								

❺ 以下，オートフィル機能を使って，セル（C11〜G11）に計算式を複写する。

	A	B	C	D	E	F	G	H
1								
2		上半期支店別売上高						
3							単位：千円	
4	店名	1月	2月	3月	4月	5月	6月	合計
5	札幌支店	1,286	1,326	1,487	1,655	1,860	2,003	9,617
6	仙台支店	1,865	1,733	1,635	1,782	1,825	1,983	10,823
7	東京支店	3,269	3,625	3,791	3,691	3,862	3,846	22,084
8	名古屋支店	2,564	2,368	2,466	2,681	2,861	2,907	15,847
9	大阪支店	2,854	2,745	2,690	2,934	3,091	3,184	17,498
10	福岡支店	2,013	2,259	2,099	1,994	2,267	2,567	13,199
11	平均	2,309	2,343	2,361	2,456	2,628	2,748	
12								

❻ 　（小数点以下の表示桁数を増やす）を1回クリックし，小数第1位まで表示させる。

	A	B	C	D	E	F	G	H
1								
2		上半期支店別売上高						
3							単位：千円	
4	店名	1月	2月	3月	4月	5月	6月	合計
5	札幌支店	1,286	1,326	1,487	1,655	1,860	2,003	9,617
6	仙台支店	1,865	1,733	1,635	1,782	1,825	1,983	10,823
7	東京支店	3,269	3,625	3,791	3,691	3,862	3,846	22,084
8	名古屋支店	2,564	2,368	2,466	2,681	2,861	2,907	15,847
9	大阪支店	2,854	2,745	2,690	2,934	3,091	3,184	17,498
10	福岡支店	2,013	2,259	2,099	1,994	2,267	2,567	13,199
11	平均	2,308.5	2,342.7	2,361.3	2,456.2	2,627.7	2,748.3	

次の表は，スポーツ施設数を集計した表である。作成条件にしたがって表を完成させなさい。

	A	B	C	D	E
1					
2		設置者別スポーツ施設数			
3					
4	区分	都道府県	市・区	町・村・組合	平均
5	陸上競技場	121	425	374	※
6	野球場	314	3,503	2,272	※
7	球技場	139	498	206	※
8	多目的運動場	223	2,378	3,487	※
9	プール	373	2,376	2,131	※
10	体育館	239	2,333	3,305	※
11	テニス場	272	2,295	2,713	※
12	その他	1,416	6,726	10,022	※
13	合計	※	※	※	

作成条件

① 表の体裁（文字位置・罫線）は上の表を参考にし，各自が見やすいように設定する。

② ※印の部分は，式や関数を利用して計算を行い，結果を表示する。

③ 「平均」は，各行の平均を求め，小数第1位まで表示する。

④ 「合計」は，各列の合計を求める。

筆記練習 5

次の表は，ある食堂における主要商品の売上を集計した表である。作成条件にしたがって各問いの答えを解答群の中から選び，記号で答えなさい。

	A	B	C	D	E
1					
2		主要商品売上一覧			
3					
4	商品名	1月	2月	3月	合計
5	ラーメン	1,021	1,138	1,209	3,368
6	餃子	745	781	795	2,321
7	ビーフカレー	635	657	612	1,904
8	焼き鯖すし	440	457	589	1,486
9	ドリア	365	345	460	1,170
10	エビチリ	167	193	285	645
11	天ぷら	199	206	183	588
12	ミックスピザ	138	154	192	484
13	平均	463.8	491.4	540.6	

作成条件

① 「合計」は，各行の合計を求める。

② 「平均」は，各列の平均を求め，小数第1位まで表示する。

問1．E5に設定する式を答えなさい。

問2．B13に設定する式を答えなさい。

解答群

ア．=AVERAGE(B5:B11)	イ．=AVERAGE(B5:B12)
ウ．=AVERAGE(B5:D12)	エ．=SUM(B5:B12)
オ．=SUM(B5:D5)	カ．=SUM(B5:D12)

問1		問2	

2 最大値（MAX），最小値（MIN）

1 最大値を求める（MAX）

書 式	=MAX（数値1，数値2，…）
使用例	=MAX（B5：G5）

例題 10 芸術科目希望調査報告

次の表は，ある学校における芸術科目希望調査を集計した表である。作成条件にしたがって，表を完成させなさい。

	A	B	C	D	E	F	G	H	I	J
1										
2		芸術科目希望調査報告								
3										
4	科目名	A組	B組	C組	D組	E組	F組	合計	平均	最大
5	音楽	12	11	8	22	15	23	※	※	※
6	美術	19	9	21	9	14	10	※	※	※
7	書道	8	17	9	7	8	5	※	※	※
8	合計	※	※	※	※	※	※			

作成条件

① 表の体裁（文字位置・罫線）は，上の表を参考にして各自が見やすいように設定する。
② ※印の部分は，式や関数を利用して計算を行い，結果を表示する。
③ 8行目の「合計」は，各列の合計を求める。
④ H列の「合計」は，各行の合計を求める。
⑤ 「平均」は，A組～F組の平均を求め，小数第1位まで表示する。
⑥ 「最大」は，A組～F組の最大値を求める。

最大値を求める（MAX）

❶ セル（J5）をクリックし，f_x（関数の挿入）をクリックする。
❷ ［関数の挿入］のダイアログボックスで［関数の分類］から「統計」を，［関数名］から「MAX」を選択して OK をクリックする。

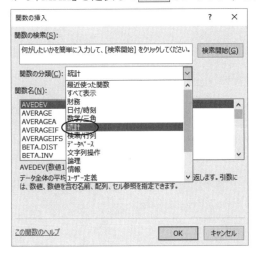

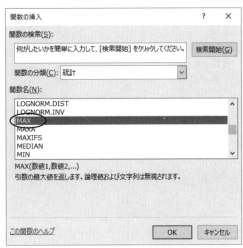

❸ ［数値1］の入力ボックスを，最大値を求める範囲のセル「B5：G5」に変更し，
OK をクリックする。

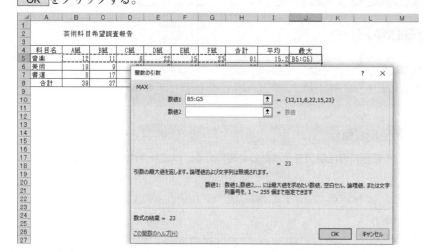

❹ セル (J5) に結果が表示される。

	A	B	C	D	E	F	G	H	I	J
1										
2	芸術科目希望調査報告									
3										
4	科目名	A組	B組	C組	D組	E組	F組	合計	平均	最大
5	音楽	12	11	8	22	15	23	91	15.2	23
6	美術	19	9	21	9	14	10	82	13.7	
7	書道	8	17	9	7	8	5	54	9.0	
8	合計	39	37	38	38	37	38			

❺ 以下，オートフィル機能を使ってセル (J6〜J7) に計算式を複写する。

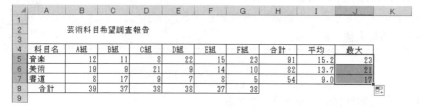

	A	B	C	D	E	F	G	H	I	J	K
1											
2	芸術科目希望調査報告										
3											
4	科目名	A組	B組	C組	D組	E組	F組	合計	平均	最大	
5	音楽	12	11	8	22	15	23	91	15.2	23	
6	美術	19	9	21	9	14	10	82	13.7	21	
7	書道	8	17	9	7	8	5	54	9.0	17	
8	合計	39	37	38	38	37	38				
9											

2　最小値を求める（MIN）

書　式	=MIN（数値1，数値2，...）
使用例	=MIN（B5:D5）

例題 11　100M走記録会

次の表は，100M走記録会の記録を集計した表である。作成条件にしたがって，表を完成させなさい。

▲	A	B	C	D	E	F
1						
2			１００M走記録会			
3						
4	選手名	第1回	第2回	第3回	合計タイム	ベストタイム
5	荒川　聡子	12.5	12.7	12.9	※	※
6	一宮　美佳	12.9	13.0	13.2	※	※
7	佐伯　久美子	12.5	12.6	12.5	※	※
8	佐藤　さやか	13.2	13.1	13.5	※	※
9	竹ノ下　こづえ	13.1	12.8	13.0	※	※
10	正井　聖子	12.7	12.4	12.2	※	※

作成条件

① 表の体裁（文字位置・罫線）は，上の表を参考にして各自が見やすいように設定する。

② ※印の部分は，式や関数を利用して計算を行い，結果を表示する。

③ 「合計タイム」は，各行の合計を求める。

④ 「ベストタイム」は，各行の最高記録を求める。

最小値を求める（MIN）

❶ セル（F5）をクリックし，*fx*（関数の挿入）をクリックする。

❷ ［関数の挿入］のダイアログボックスで［関数の分類］から「統計」を，［関数名］
から「MIN」を選択して　OK　をクリックする。

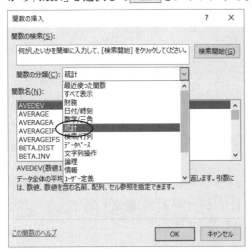
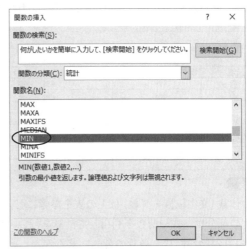

❸ ［数値1］の入力ボックスを，最小値を求める範囲のセル「B5：D5」に変更し，
　OK　をクリックする。

❹ セル (F5) に結果が表示される。

	A	B	C	D	E	F
1						
2			100M走記録会			
3						
4	選手名	第1回	第2回	第3回	合計タイム	ベストタイム
5	荒川　聡子	12.5	12.7	12.9	38.1	12.5
6	一宮　美佳	12.9	13.0	13.2	39.1	
7	佐伯　久美子	12.5	12.6	12.5	37.6	
8	佐藤　さやか	13.2	13.1	13.5	39.8	
9	竹ノ下　こづえ	13.1	12.8	13.0	38.9	
10	正井　聖子	12.7	12.4	12.2	37.3	

❺ 以下、オートフィル機能を使ってセル (F6～F10) に計算式を複写する。

	A	B	C	D	E	F	G
1							
2			100M走記録会				
3							
4	選手名	第1回	第2回	第3回	合計タイム	ベストタイム	
5	荒川　聡子	12.5	12.7	12.9	38.1	12.5	
6	一宮　美佳	12.9	13.0	13.2	39.1	12.9	
7	佐伯　久美子	12.5	12.6	12.5	37.6	12.5	
8	佐藤　さやか	13.2	13.1	13.5	39.8	13.1	
9	竹ノ下　こづえ	13.1	12.8	13.0	38.9	12.8	
10	正井　聖子	12.7	12.4	12.2	37.3	12.2	
11							
12							

実技練習 3 ‥‥‥ ファイル名：学力テスト結果

　次の表は、学力テストの結果を集計した表である。作成条件にしたがって、表を完成させなさい。

	A	B	C	D	E
1					
2		学力テスト結果集計表			
3					
4	氏名	情報処理	簿記	ビジネス基礎	合計
5	山本　由希	97	100	95	※
6	鈴木　遥	82	72	100	※
7	秋田　みづき	75	66	73	※
8	大神　夢佳	100	98	57	※
9	宮本　琴音	88	95	99	※
10	平均	※	※	※	※
11	最大	※	※	※	※
12	最小	※	※	※	※

作成条件

① 表の体裁（文字位置・罫線）は上の表を参考にし、各自が見やすいように設定する。

② ※印の部分は、式や関数を利用して計算を行い、結果を表示する。

③ E5～E9の「合計」は、各行の合計を求める。

④ 「平均」は、各列の平均を求め、小数第1位まで表示する。

⑤ 「最大」は、各列の最大値を求める。

⑥ 「最小」は、各列の最小値を求める。

　次の表は，ある学校が毎学期末に避難訓練を実施しており，避難開始から集合場所への避難時間を集計した表である。作成条件にしたがって各問いの答えを解答群の中から選び，記号で答えなさい。

▲	A	B	C	D	E	F	G
1							
2		避難訓練・避難時間集計表					
3					単位：秒		
4	学年	クラス	1学期	2学期	3学期	平均	最長時間
5	1年	1組	501	402	362	421.7	501
6		2組	495	439	327	420.3	495
7		3組	481	395	302	392.7	481
8		4組	543	341	261	381.7	543
9	2年	1組	462	301	257	340.0	462
10		2組	487	325	266	359.3	487
11		3組	401	315	182	299.3	401
12		4組	425	347	206	326.0	425
13	3年	1組	302	295	187	261.3	302
14		2組	358	287	203	282.7	358
15		3組	355	295	217	289.0	355
16		4組	315	302	195	270.7	315
17				最高記録	182		

作成条件

① 「平均」は，各行の平均を求める。ただし，小数第1位まで表示する。

② 「最長時間」は，各行で最も避難時間がかかったものを求める。

③ 「最高記録」は，学校全体の1学期～3学期で最も速い避難時間を求める。

問1．F5に設定する式を答えなさい。

問2．G5に設定する式を答えなさい。

問3．E17に設定する式を答えなさい。

解答群

ア．=AVERAGE(C5:E5)	イ．=MAX(C5:E5)
ウ．=AVERAGE(B5:E5)	エ．=MAX(E5:E16)
オ．=MAX(C5:E16)	カ．=MIN(C5:E16)

問1		問2		問3	

3 件数（COUNT，COUNTA）

1 数値データの件数を求める（COUNT）

書　式	=COUNT（値1，値2，...）
使用例	=COUNT（B5：B21）

2 文字列を含むデータの件数を求める（COUNTA）

書　式	=COUNTA（値1，値2，...）
使用例	=COUNTA（B5：B21）

例題 12 ロンドンオリンピックの主な日本選手団成績

　次の表はロンドンオリンピックにおける日本選手団の主な成績を集計した表である。作成条件にしたがって，表を完成させなさい。

	A	B	C
1			
2	ロンドンオリンピックの主な日本選手団成績		
3			
4	競技名	成績	
5	ボクシング	2	
6	体操	3	
7	レスリング	6	
8	柔道	7	
9	水泳	11	
10	トランポリン	4位	
11	サッカー	1	
12	ウェイトリフティング	1	
13	テコンドー	5位	
14	卓球	1	
15	トライアスロン		
16	フェンシング	1	
17	バドミントン	1	
18	近代五種		
19	アーチェリー	2	
20	陸上	1	
21	バレーボール	1	
22	メダル獲得競技数	※	
23	5位以内競技数	※	

作成条件

① 　表の体裁（文字位置・罫線）は，上の表を参考にして各自が見やすいように設定する。

② 　※印の部分は，関数を利用して計算を行い，結果を表示する。

③ 　B5～B21は，各競技の獲得したメダル数を入力し，メダルは獲得していないが，4位に入賞した競技には「4位」を，5位に入賞した競技には「5位」を入力し，入賞していない競技には何も入力しない。

④ 　「メダル獲得競技数」は，メダルを獲得した競技数を求める。

⑤ 　「5位以内競技数」は，5位以内に入賞した競技数を求める。

数値データの件数を求める（COUNT）

❶ セル（B22）をクリックし，f_x（関数の挿入）をクリックする。

❷ ［関数の挿入］のダイアログボックスで［関数の分類］から「統計」を，［関数名］から「COUNT」を選択して OK をクリックする。

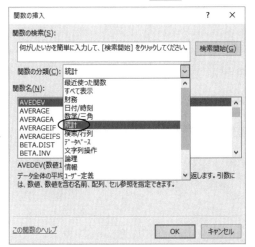 

❸ ［値1］の入力ボックスを，件数を数える範囲のセル「B5：B21」に変更し，OK をクリックする。

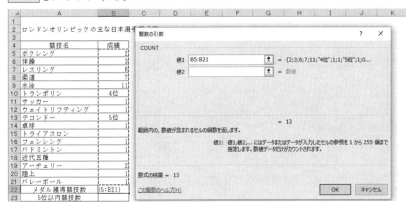

❹ セル（B22）に結果が表示される。

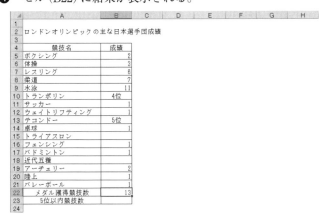

文字列を含むデータの件数を求める(COUNTA)

❶ セル(B23)をクリックし，f_x(関数の挿入)をクリックする。

❷ [関数の挿入]のダイアログボックスで[関数の分類]から「統計」を，[関数名]から「COUNTA」を選択して OK をクリックする。

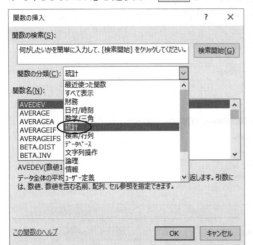

❸ [値1]の入力ボックスを，件数を数える範囲のセル「B5：B21」に変更し，OK をクリックする。

❹ セル(B23)に結果が表示される。

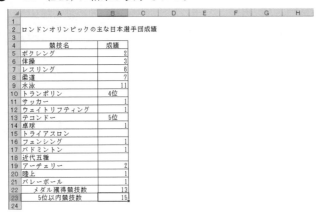

オートSUM機能の利用

① Σオート SUM ▾ の下矢印をクリックし，右のメニューを表示させる。
② メニューの中から，SUMは[**合計**]を，AVERAGEは[**平均**]を，
MAXは[**最大値**]を，MINは[**最小値**]を，COUNTは[**数値の個数**]
をそれぞれ選択して求めることもできる。ただし，COUNTAは[そ
の他の関数]から選んでいく。

Σ	合計(S)
	平均(A)
	数値の個数(C)
	最大値(M)
	最小値(I)
	その他の関数(F)...

実技練習 4 ・・・・・ **ファイル名：ボウリング大会**

次の表は，ボウリング大会におけるスコアを集計した表である。作成条件にしたがって，表を完成させなさい。

	A	B	C	D	E	F	G
1							
2		ボウリング大会スコア一覧表					
3						(単位：点)	
4	選手名	第1回	第2回	第3回	第4回	第5回	合計
5	青木　一郎	120	125	145	120	96	※
6	尾崎　義男	125	156	96	棄権	145	※
7	倉本　正治	140	棄権	125	147	163	※
8	佐々木　政治	102	120	147	163	124	※
9	中島　丈治	100	99	196	146	138	※
10	藤木　次郎	95	125	156	棄権	178	※
11	湯原　賢治	100	130	96	124	120	※
12	平均点	※	※	※	※	※	※
13	最高点	※	※	※	※	※	※
14	最低点	※	※	※	※	※	※
15							
16	選手数	※			(単位：人)		
17	競技者数	※	※	※	※	※	

作成条件

① 表の体裁（文字位置・罫線）は，上の表を参考にして各自が見やすいように設定する。
② ※印の部分は，式や関数を利用して計算を行い，結果を表示する。
③ G5～G11の「合計」は，各行の合計を求める。
④ 「平均点」は，各列の平均を求める。ただし，小数点以下は表示しない。
⑤ 「最高点」は，各列の最大値を求める。
⑥ 「最低点」は，各列の最小値を求める。
⑦ 「選手数」は，「選手名」のデータの数を求める。
⑧ 「競技者数」は，各列のスコアが入力されているセルの数を求める。

次の表は，ある学校の修学旅行における体験学習の希望を集計した表である。作成条件にしたがって各問いの答えを解答群の中から選び，記号で答えなさい。

コース名	A組		B組		C組		D組		E組		F組		合計
	男子	女子	男子	女子	男子	女子	男子	女子	男子	女子	男子	女子	
シーカヤック	8	2	2	なし	10	2	なし	なし	5	10	7	8	54
マングローブカヌー	8	5	5	4	なし	2	10	なし	5	なし	7	4	50
トレッキング	なし	なし	3	4	なし	2	なし	4	2	なし	なし	2	17
エイサー	なし	8	なし	7	なし	3	なし	2	なし	なし	なし	なし	20
シーサー作り	なし	2	なし	なし	なし	4	なし	8	なし	なし	なし	なし	14
農業体験	なし	なし	5	2	なし	2	6	なし	なし	なし	なし	2	17
吹きガラス	なし	なし	なし	なし	6	2	なし	5	なし	なし	なし	なし	13
サンシン	なし	なし	なし	4	なし	4	なし	2	なし	6	なし	4	20
サンゴの苗作り	なし	5	なし	なし	なし	なし	なし	なし	3	6	2	2	18
コース数	2	5	4	5	2	8	2	5	4	3	3	6	
最大人数	54												
最小人数	13												
総コース数	9												

作成条件

① 「合計」は，各行の合計を求める。

② 「コース数」は，各列の人数が入力されているセルの数を求める。

③ 「最大人数」は，「合計」の最大値を求める。

④ 「最小人数」は，「合計」の最小値を求める。

⑤ 「総コース数」は，「コース名」のデータの数を求める。

問1．N6に設定する式を答えなさい。

問2．B15に設定する式を答えなさい。

問3．B16に設定する式を答えなさい。

問4．B17に設定する式を答えなさい。

問5．B18に設定する式を答えなさい。

解答群

ア．=SUM(A6:M6)	イ．=SUM(B6:M6)	ウ．=COUNTA(B6:M6)
エ．=COUNT(B6:B14)	オ．=COUNTA(A6:A14)	カ．=COUNT(A6:A14)
キ．=MAX(N6:N14)	ク．=MAX(B6:B14)	ケ．=MIN(N6:N14)

問1		問2		問3		問4		問5	

4 判定(IF)

書　式	=IF(論理式，真の場合，偽の場合)
使用例	=IF(B5>=30%,"＊＊＊","")

例題 13　主な都道府県の道路舗装率

次の表は，主な都道府県の道路舗装率を集計した表である。作成条件にしたがって，表を完成させなさい。

	A	B	C
1			
2	主な都道府県の道路舗装率		
3			
4	都道府県名	割合	備考
5	北海道	23.3%	※
6	宮城県	30.4%	※
7	東京都	62.0%	※
8	新潟県	21.2%	※
9	愛知県	33.5%	※
10	大阪府	73.9%	※
11	広島県	32.0%	※
12	香川県	26.1%	※
13	福岡県	16.5%	※

作成条件

① 表の体裁(文字位置・罫線)は上の表を参考にし，各自が見やすいように設定する。

② ※印の部分は，関数を利用して計算を行い，結果を表示する。

③ 「備考」は，「割合」が30%以上の場合は「＊＊＊」を表示し，それ以外の場合は何も表示しない。

条件判定する(IF)

❶ セル(C5)をクリックし， f_x (関数の挿入)をクリックする。

❷ [関数の挿入]ダイアログボックスで[関数の分類]から「論理」を，[関数名] から「IF」を選択して OK をクリックする。

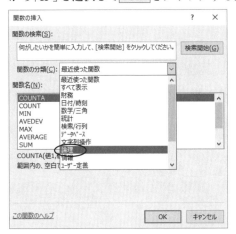

❸ ［論理式］にセル（B5）をクリックしてから「>=30%」と入力し，［真の場合］
に「"＊＊＊"」，［偽の場合］に「""」を入力する。

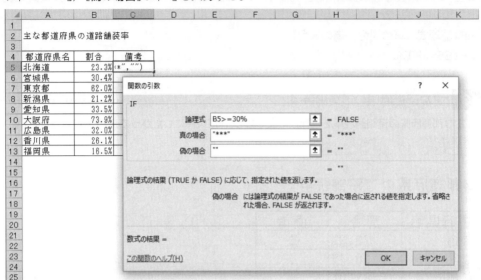

❹ 　OK　をクリックする。

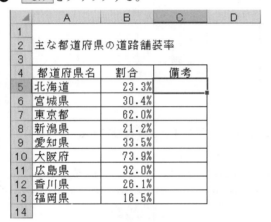

参考
Excelのバージョンに
よっては，［真の場合］
が［値が真の場合］，［偽
の場合］が［値が偽の
場合］と表示される。

❺ 以下，オートフィル機能を使って，セル（C6〜C13）に計算式を複写する。

参考 比較演算子

比較演算子	意味	例
＜	より小さい	B5＜50
＞	より大きい	C8＞100
＝	一致する，等しい	D9＝80，D5＝"不合格"
＜＝	以下	G2＜＝80
＞＝	以上	H6＞＝60
＜＞	一致しない，等しくない	S3＜＞T3，W7＜＞0

「＜＝」を「＝＜」，「＞＝」を「＝＞」とするとエラーになる。

〈例1〉　＝IF(B5<50,"不足","")

　　【解説】　セル(B5)の値が50未満の場合は「不足」を表示し，それ以外の場合は何も表示しない。

〈例2〉　＝IF(C8>100,B5+50,B5-30)

　　【解説】　セル(C8)の値が100を超えた場合は(B5)の値に50を加え，それ以外の場合は(B5)の値から30を引く。

〈例3〉　＝IF(D9=$C$15,"合格","不合格")

　　【解説】　セル(D9)の値が絶対参照でセル指定をした(C15)の値と等しい場合は「合格」を表示し，それ以外の場合は「不合格」を表示する。

〈例4〉　＝IF(D5="東京","A","")

　　【解説】　セル(D5)の値が文字データ「東京」と等しい場合は「A」を表示し，それ以外の場合は何も表示しない。

次の表は，結婚資金の捻出方法を集計した表である。作成条件にしたがって，表を完成させなさい。

	A	B	C	D	E
1					
2		結婚資金の捻出方法			
3				単位：万円	
4	項目	新郎	新婦	合計	備考
5	親からの援助	126.7	150.7	※	※
6	親からの借り入れ	9.9	4.8	※	※
7	お祝い	117.1	103.6	※	※
8	本人負担	202.1	49.5	※	※
9	受け取った結納金	10.7	71.3	※	※
10	その他	1.4	1.8	※	※
11	合計	※	※	※	
12	最大	※	※	※	
13	最小	※	※	※	

作成条件

① 表の体裁（文字位置・罫線）は，上の表を参考にして各自が見やすいように設定する。

② ※印の部分は，式や関数を利用して計算を行い，結果を表示する。

③ D5～D10の「合計」は，各行の合計を求める。

④ 「備考」は，新郎が新婦よりも多い場合は「○」を表示し，それ以外の場合は何も表示しない。

⑤ 11行目の「合計」は，各列の合計を求める。

⑥ 「最大」は，各列の最大値を求める。

⑦ 「最小」は，各列の最小値を求める。

次の表は，ある劇場の1週間の入場者数を集計した表である。作成条件にしたがって各問いの答えを解答群の中から選び，記号で答えなさい。

	A	B	C	D	E	F	G	H	I	J	K	L
1												
2		週間営業報告										
3												
4	料金体系	料金	月	火	水	木	金	土	日	合計	売上金額	備考
5	一般	1,800	85	72	98	59	158	284	397	1,153	2,075,400	◎
6	大学生・高校生	1,500	105	28	65	119	82	162	197	758	1,137,000	◎
7	中学生・小学生	1,000	2	5	10	8	16	149	185	375	375,000	
8	幼児	900	3	12	8	3	8	107	137	278	250,200	
9	シニア	1,000	22	26	32	47	28	58	68	281	281,000	
10	レイトショー	1,200	25	35	37	119	293	391	118	1,018	1,221,600	◎
11		最大	105	72	98	119	293	391	397			
12		最小	2	5	8	3	8	58	68			

作成条件

① 「合計」は，月～日の合計を求める。

② 「売上金額」は，次の式で求める。

　　「料金　×　合計」

③ 「備考」は，「売上金額」が1,000,000以上の場合は「◎」を表示し，それ以外の場合は何も表示しない。

④ 「最大」は，各列の最大値を求める。

⑤ 「最小」は，各列の最小値を求める。

問1．J5に設定する式を答えなさい。

問2．K5に設定する式を答えなさい。

問3．L5に設定する式を答えなさい。

問4．C11に設定する式を答えなさい。

問5．C12に設定する式を答えなさい。

解答群

ア．=SUM(C5:I5)　　　　　イ．=SUM(C5:C10)　　　　　ウ．=B5*J5

エ．=C5*J5　　　　　　　　オ．=COUNTA(A6:A14)　　　カ．=IF(K5>=1000000,"◎","")

キ．=IF(K5>1000000,"◎","")　ク．=MAX(B5:B10)　　　　ケ．=MAX(C5:C10)

コ．=MIN(C5:C10)　　　　　サ．=IF(K5<=1000000,"◎","")　シ．=MIN(B5:B10)

問1		問2		問3		問4		問5	

5 端数処理（ROUND，ROUNDUP，ROUNDDOWN）

1 四捨五入する（ROUND）

| 書　式 | =ROUND（数値，桁数） |
| 使用例 | =ROUND（C6/B6，2） |

2 切り上げる（ROUNDUP）

| 書　式 | =ROUNDUP（数値，桁数） |
| 使用例 | =ROUNDUP（C6/B6，2） |

3 切り捨てる（ROUNDDOWN）

| 書　式 | =ROUNDDOWN（数値，桁数） |
| 使用例 | =ROUNDDOWN（C6/B6，2） |

	A	B	C
1	数値	関数式	結果
2	1641.436	=ROUND(A2,0)	1641
3	1641.436	=ROUND(A3,2)	1641.44
4	1641.436	=ROUND(A4,-2)	1600
5	1641.436	=ROUNDUP(A5,0)	1642
6	1641.436	=ROUNDUP(A6,2)	1641.44
7	1641.436	=ROUNDUP(A7,-2)	1700
8	1641.436	=ROUNDDOWN(A8,0)	1641
9	1641.436	=ROUNDDOWN(A9,2)	1641.43
10	1641.436	=ROUNDDOWN(A10,-2)	1600

例題 14 大型小売店における年間販売額一覧

次の表は，大型小売店の年間販売額を集計した表である。作成条件にしたがって，表を完成させなさい。

	A	B	C	D	E	F
1						
2		大型小売店における年間販売額一覧				
3					単位：10億円	
4				伸び率		
5	分野	昨年	今年	四捨五入	切り上げ	切り捨て
6	衣料品	6,264	5,864	※	※	※
7	食料品	9,867	10,157	※	※	※
8	その他	5,068	4,939	※	※	※
9	合計	21,199	20,960	※	※	※

作成条件

① 表の体裁（文字位置・罫線）は，上の表を参考にして各自が見やすいように設定する。

② ※印の部分は，式や関数を利用して計算を行い，結果を表示する。

③ 「四捨五入」は，次の式で求める。ただし，小数第2位未満を四捨五入する。

　　「今年 ÷ 昨年」

④ 「切り上げ」は，作成条件③と同様の式で求める。ただし，小数第2位未満を切り上げる。

⑤ 「切り捨て」は，作成条件③と同様の式で求める。ただし，小数第2位未満を切り捨てる。

四捨五入（ROUND）・切り上げ（ROUNDUP）・切り捨て（ROUNDDOWN）

❶　セル（D6）をクリックし，f_x（関数の挿入）をクリックする。

❷　[関数の挿入]のダイアログボックスで[関数の分類]から「数学/三角」を，[関数名]から「ROUND」を選択して OK をクリックする。[数値]に「C6/B6」，[桁数]に「2」を入力し，OK をクリックする。

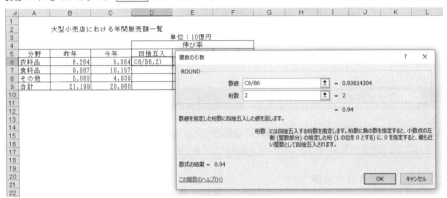

❸　セル（E6）にはROUNDUP関数を，セル（F6）にはROUNDDOWN関数をそれぞれ同じように入力し，OK をクリックする。

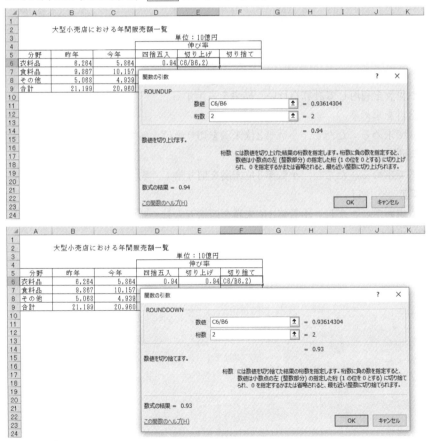

❹ 以下，オートフィル機能を使って，セル（D7〜F9）に計算式を複写する。

	A	B	C	D	E	F	G
1							
2		大型小売店における年間販売額一覧					
3						単位：10億円	
4					伸び率		
5	分野	昨年	今年	四捨五入	切り上げ	切り捨て	
6	衣料品	6,264	5,864	0.94	0.94	0.93	
7	食料品	9,867	10,157	1.03	1.03	1.02	
8	その他	5,068	4,939	0.97	0.98	0.97	
9	合計	21,199	20,960	0.99	0.99	0.98	
10							
11							

実技練習 6 ⋯⋯ ファイル名：広告費の推移

次の表は，広告費の推移を集計した表である。作成条件にしたがって，表を完成させなさい。

	A	B	C	D	E	F	G	H
1								
2		広告費の推移						
3					単位：億円			
4	媒体	15年前	10年前	5年前	今年	伸び率	増減率	割合
5	テレビ等マスコミ	35,035	39,707	37,408	27,749	※	※	※
6	プロモーションメディア	19,070	20,539	26,563	22,147	※	※	※
7	衛星メディア	158	266	487	784	※	※	※
8	インターネット	60	590	3,777	7,747	※	※	※
9	合計	※	※	※	※			

作成条件

① 表の体裁（文字位置・罫線）は，上の表を参考にして各自が見やすいように設定する。

② ※印の部分は，式や関数を利用して計算を行い，結果を表示する。

③ 「合計」は，各列の合計を求める。

④ 「伸び率」は，次の式で求める。ただし，小数第3位未満を切り上げ，％で小数第1位まで表示する。

　　「今年 ÷ 15年前」

⑤ 「増減率」は，次の式で求める。ただし，小数第3位未満を切り捨て，％で小数第1位まで表示する。

　　「今年 ÷ 15年前 － 1」

⑥ 「割合」は，次の式で求める。ただし，小数第3位未満を四捨五入し，％で小数第1位まで表示する。

　　「今年 ÷ 今年の合計」

次の表は，あるもんじゃ焼き店の売上個数を集計した表である。作成条件にしたがって，各問いの答えを解答群の中から選び，記号で答えなさい。

	A	B	C	D	E	F	G	H	I	J
1										
2			もんじゃ焼き売上個数集計表							
3										
4	商品名	単価	税込み単価	東支店	西支店	南支店	合計	売上金額	割合（％）	備考
5	月島もんじゃ	225	243	3,568	2,666	2,990	9,224	2,241,432	28.80	△
6	浅草もんじゃ	230	249	2,268	968	1,724	4,960	1,235,040	15.87	
7	伊勢崎もんじゃ	205	222	1,877	1,687	1,599	5,163	1,146,186	14.73	
8	久喜もんじゃ	196	212	1,876	2,068	2,157	6,101	1,293,412	16.62	
9	讃岐もんじゃ	182	197	3,622	2,798	3,061	9,481	1,867,757	24.00	△
10							合計	7,783,827		
11							種類数	5		

作成条件

① 「税込み単価」は，次の式で求める。ただし，小数点以下を切り上げる。
　「単価　＋　単価　×　0.08」
② G列の「合計」は，東支店～南支店の合計を求める。
③ 「売上金額」は，次の式で求める。
　「税込み単価　×　合計」
④ H10の合計は，「売上金額」の合計を求める。
⑤ 「種類数」は，「商品名」のデータの数を求める。
⑥ 「割合（％）」は，次の式で求める。ただし，小数第2位未満を四捨五入する。
　「売上金額　÷　売上金額の合計　×　100」
⑦ 「備考」は，「割合（％）」が20を超える場合は「△」を表示し，それ以外の場合は何も表示しない。

問1．C5に設定する式を答えなさい。
問2．H5に設定する式を答えなさい。
問3．H11に設定する式を答えなさい。
問4．I5に設定する式を答えなさい。
問5．J5に設定する式を答えなさい。

解答群

ア．=ROUNDUP(B5+B5*0.08,0)　　イ．=ROUND(B5+B5*0.08,0)　　ウ．=B5*G5

エ．=C5*G5　　オ．=ROUND(H5/$H$10*100,2)　　カ．=ROUND(H5/$H$10*100,4)

キ．=IF(I5>=20,"　","△")　　ク．=IF(I5>=20,"△","")　　ケ．=COUNT(A5:A9)

コ．=COUNTA(A5:A9)　　サ．=ROUNDUP(H5/$H$10*100,2)　　シ．=IF(I5>20,"△","")

問1		問2		問3		問4		問5	

6 順位付け（RANK）

書　式	=RANK（数値，参照，順序）
使用例	=RANK（B5，$B$5:$B$14，0）

例題 15 アウトドアブログランキング

次の表は，アウトドア関連のブログのアクセス数を集計した表である。作成条件にしたがって，表を完成させなさい。

作成条件

① 表の体裁（文字位置・罫線）は，右の表を参考にして各自が見やすいように設定する。

② ※印の部分は，関数を利用して計算を行い，結果を表示する。

③ 「順位」は，「アクセス数」の降順に順位を付ける。

	A	B	C
1			
2	アウトドア　ブログランキング		
3			
4	ブログ名	アクセス数	順位
5	青い山、白い山	3,480	※
6	キャンプと日々のこと	3,210	※
7	クロスバイクを買う	3,180	※
8	サイクルロード	7,250	※
9	湘南の夜は	3,320	※
10	中高年のメタボ	4,390	※
11	なにが何でもキャンプ	3,550	※
12	ママチャリの挑戦	7,240	※
13	山奥で家族と動物の楽園	5,010	※
14	ヤマノボリ	9,830	※

順位を求める（RANK）

❶ セル（C5）をクリックし， f_x （関数の挿入）をクリックする。

❷ ［関数の挿入］のダイアログボックスで［関数の分類］から「互換性」を，［関数名］から「RANK」を選択して OK をクリックする。［数値］に「B5」，［参照］に「$B$5:$B$14」を入力する。後の操作でオートフィル機能を使って，セル（C6〜C14）の順位を求めるため，RANK関数内で指定した範囲が相対的に変化しないようにあらかじめ**絶対参照指定**をしておく必要がある。［順序］には降順（大→小）に順位をつける場合は「0」，昇順に順位をつける場合は「1」を指定するので，この場合は「0」を入力し， OK をクリックする。

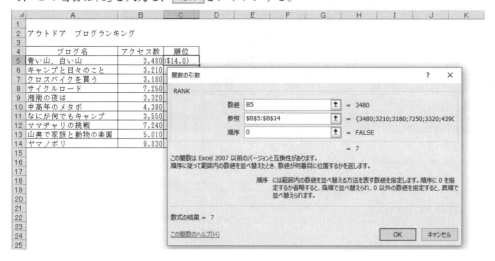

❸ 以下，オートフィル機能を使って，セル（C6〜C14）に計算式を複写する。

	A	B	C	D
1				
2	アウトドア　ブログランキング			
3				
4	ブログ名	アクセス数	順位	
5	青い山、白い山	3,480	7	
6	キャンプと日々のこと	3,210	9	
7	クロスバイクを買う	3,180	10	
8	サイクルロード	7,250	2	
9	湘南の夜は	3,320	8	
10	中高年のメタボ	4,390	5	
11	なにが何でもキャンプ	3,550	6	
12	ママチャリの挑戦	7,240	3	
13	山奥で家族と動物の楽園	5,010	4	
14	ヤマノボリ	9,830	1	
15				
16				

参考 誤って相対参照指定をして複写した場合

次のように相対参照に指定したセル（C5）をもとに複写した場合は，複写されたセル（C6）の式は
=RANK（B6, B6:B15, 0）となってしまい，正確な順位が計算されない。

	A	B	C
1			
2	アウトドア　ブログランキング		
3			
4	ブログ名	アクセス数	順位
5	青い山、白い山	3,480	7
6	キャンプと日々のこと	3,210	8
7	クロスバイクを買う	3,180	8
8	サイクルロード	7,250	2
9	湘南の夜は	3,320	6
10	中高年のメタボ	4,390	4
11	なにが何でもキャンプ	3,550	4
12	ママチャリの挑戦	7,240	2
13	山奥で家族と動物の楽園	5,010	2
14	ヤマノボリ	9,830	1

参考 RANK.EQ と RANK.AVG

［関数の分類］の「統計」にあるRANK.EQは，従来のRANK関数と同じ処理結果となる。RANK.AVG
は複数の値が同じ順位にあるときは，平均の順位が返されるので，重複する値があると従来のRANK
関数とは異なった結果になる。

　次の表は，ある水泳クラブの入部テストの成績を集計した表である。作成条件にしたがって，表を完成させなさい。

	A	B	C	D	E	F	G	H
1								
2		エリート水泳クラブ入部テスト						
3								
4	氏名	バタフライ	背泳ぎ	平泳ぎ	クロール	合計タイム	順位	備考
5	鈴木　一郎	31.5	38.4	35.6	29.4	※	※	※
6	佐藤　次郎	30.9	35.6	35.8	28.5	※	※	※
7	斉藤　三郎	32.5	34.7	34.9	29.4	※	※	※
8	高橋　史郎	31.8	33.9	33.5	28.4	※	※	※
9	太田　五郎	31.4	34.7	32.8	28.4	※	※	※
10	佐々木　太郎	30.8	35.9	32.9	29.1	※	※	※
11	後藤　純一郎	33.7	34.7	34.1	29.3	※	※	※
12					合計	※		
13					受験者数	※		
14					平均	※		
15					最高タイム	※		

作成条件

① 　表の体裁（文字位置・罫線）は，上の表を参考にして各自が見やすいように設定する。

② 　※印の部分は，式や関数を利用して計算を行い，結果を表示する。

③ 　「合計タイム」は，各行の合計を求める。

④ 　「順位」は，「合計タイム」の昇順に順位を付ける。

⑤ 　「合計」は，F列の合計を求める。

⑥ 　「受験者数」は，「氏名」のデータの数を求める。

⑦ 　「平均」は，次の式で求める。ただし，小数第1位未満を四捨五入する。

　　　「合計　÷　受験者数」

⑧ 　「最高タイム」は，F列で最も速いタイムを求める。

⑨ 　「備考」は，「合計タイム」がF14の「平均」より速い場合は「合格」を表示し，それ以外の場合は何も表示しない。

次の表は，ある株式市場の株価を集計した表である。作成条件にしたがって，各問いの答えを解答群の中から選び，記号で答えなさい。

	A	B	C	D	E	F	G	H	I
1									
2		株価の推移							
3		4 月	5 月	6 月	7 月	8 月	高値	安値	順位
4	M興産	719,000	625,000	488,000	421,000	483,000	719,000	421,000	4
5	ＡＢＣ物産	222,000	217,000	198,000	182,000	171,000	222,000	171,000	6
6	大阪リアルエステート	872,000	1,174,000	1,001,000	983,000	926,000	1,174,000	872,000	1
7	五井澄友銀行	812,000	773,000	728,000	657,000	645,000	812,000	645,000	2
8	札幌企画	227,000	219,000	203,000	186,000	168,000	227,000	168,000	5
9	ＸＹＺ産業	729,000	684,000	598,000	619,000	658,000	729,000	598,000	3
10	月平均	596,833	615,333	537,667	508,000	508,500			

作成条件

① 「高値」は，4月〜8月の最大値を求める。
② 「安値」は，4月〜8月の最小値を求める。
③ 「順位」は，「高値」の降順に順位を付ける。
④ 「月平均」は，各列の平均を求め，小数点以下は表示しない。

問1．G4に設定する式を答えなさい。
問2．H4に設定する式を答えなさい。
問3．I4に設定する式を答えなさい。
問4．B10に設定する式を答えなさい。

解答群

ア．=AVERAGE(B4:B9)　　イ．=AVERAGE(A4:B9)　　ウ．=MIN(B4:G4)
エ．=MIN(B4:F4)　　オ．=MAX(B4:F5)　　カ．=MAX(B4:F4)
キ．=RANK(G4,$G$4:$G$9,1)　　ク．=RANK(G4,$G$4:$G$9,0)

問1		問2		問3		問4	

7 文字列の操作 (LEN, LEFT, RIGHT, MID)

1 文字列の長さを求める (LEN)

書　式	=LEN(文字列)
使用例	=LEN(A5)

例題 16 会員名簿

次の表は，ある会社の会員の名簿表である。作成条件にしたがって，表を完成させなさい。

作成条件

① 表の体裁（文字位置・罫線）は，左の表を参考にして各自が見やすいように設定する。

② ※印の部分は，関数を利用して計算を行い，結果を表示する。

③ 「文字列の長さ」は，「会員番号」の文字数を求める。

文字列の長さを求める (LEN)

❶ セル (B5) をクリックし， f_x (関数の挿入) をクリックする。

❷ [関数の挿入]のダイアログボックスで[関数の分類]から「文字列操作」を，[関数名]から「LEN」を選択して OK をクリックする。

❸ [文字列]にセル (A5) をクリックし， OK をクリックする。

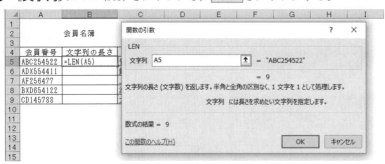

❹ 以下，オートフィル機能を使ってセル（B6〜B9）に計算式を複写する。

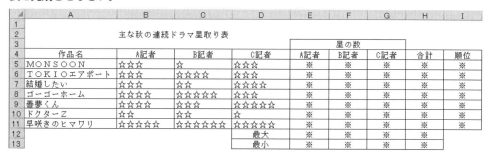

	A	B	C
1			
2		会員名簿	
3			
4	会員番号	文字列の長さ	会員名
5	ABC254522	9	青山　恵子
6	ADX554411	9	飯山　紀子
7	AF256477	8	上田　妙子
8	BXD654122	9	江川　洋子
9	CD145788	8	大井　知子
10			
11			

実技練習　8 ・・・・・・ ファイル名：連続ドラマ星取り表

次の表は，ある新聞社の記者が独自の判断で秋の連続ドラマの評価を示した表である。作成条件にしたがって，表を完成させなさい。

	A	B	C	D	E	F	G	H	I
1									
2			主な秋の連続ドラマ星取り表						
3						星の数			
4	作品名	A記者	B記者	C記者	A記者	B記者	C記者	合計	順位
5	MONSOON	☆☆☆	☆	☆☆☆	※	※	※	※	※
6	TOKIOエアポート	☆☆☆	☆☆☆☆	☆☆☆	※	※	※	※	※
7	結婚したい	☆☆☆	☆☆	☆☆☆☆	※	※	※	※	※
8	ゴーゴーホーム	☆☆☆☆	☆☆☆☆☆	☆☆☆	※	※	※	※	※
9	善夢くん	☆☆☆☆	☆☆☆☆☆	☆☆☆☆	※	※	※	※	※
10	ドクターZ	☆☆	☆☆	☆	※	※	※	※	※
11	早咲きのヒマワリ	☆☆☆☆☆	☆☆☆☆☆☆	☆☆☆☆☆	※	※	※	※	※
12				最大	※	※	※	※	
13				最小	※	※	※	※	

作成条件

① 表の体裁（文字位置・罫線）は，上の表を参考にして各自が見やすいように設定する。

② ※印の部分は，式や関数を利用して計算を行い，結果を表示する。

③ 「星の数」は，各記者がつけた星の数を記者ごとに数えて表示する。

④ 「合計」は，A記者〜C記者の星の数の合計を求める。

⑤ 「順位」は，「合計」の降順に順位を求める。

⑥ 「最大」は，各列の最大値を求める。

⑦ 「最小」は，各列の最小値を求める。

筆記練習　11

次の表は，海産物の名前の文字数を数えた表である。
B3に設定する式を答えなさい。

ア．=COUNTA(A3)

イ．=COUNT(A3)

ウ．=LEN(A3)

	A	B
1		
2	名前	文字数
3	エゾバフンウニ	7
4	キタムラサキウニ	8
5	クロガシラカレイ	8
6	ベニズワイガニ	7
7	ホッコクアカエビ	8
8	ミツイシコンブ	7

2 文字列の左から抽出する（LEFT）

書 式 ＝LEFT（文字列，文字数）

使用例 ＝LEFT（B5，3）

文字列の左から3文字だけ抽出する。

3 文字列の途中から抽出する（MID）

書 式 ＝MID（文字列，開始位置，文字数）

使用例 ＝MID（B5，4，3）

文字列の4文字目から，3文字だけ抽出する。

4 文字列の右から抽出する（RIGHT）

書 式 ＝RIGHT（文字列，文字数）

使用例 ＝RIGHT（B5，3）

文字列の右から3文字だけ抽出する。

例題 17 支店所在地一覧

次の表は，ある会社の支店の所在地一覧表である。作成条件にしたがって，表を完成させなさい。

	A	B	C	D	E
1					
2		支店所在地一覧			
3					
4	支店名	所在地	都道府県名	市名	区名
5	札幌支店	北海道札幌市手稲区	※	※	※
6	仙台支店	宮城県仙台市青葉区	※	※	※
7	千葉支店	千葉県千葉市中央区	※	※	※
8	京都支店	京都府京都市伏見区	※	※	※
9	神戸支店	兵庫県神戸市長田区	※	※	※
10	広島支店	広島県広島市佐伯区	※	※	※
11	博多支店	福岡県福岡市博多区	※	※	※

作成条件

① 表の体裁（文字位置・罫線）は，上の表を参考にして各自が見やすいように設定する。

② ※印の部分は，関数を利用して計算を行い，結果を表示する。

③ 「都道府県名」は，「所在地」の左端から3文字を抽出して表示する。

④ 「市名」は，「所在地」の左端から4けた目より3文字を抽出して表示する。

⑤ 「区名」は，「所在地」の右端から3文字を抽出して表示する。

文字列の左から抽出する（LEFT）

❶ セル（C5）をクリックし，f_x（関数の挿入）をクリックする。

❷ ［関数の挿入］のダイアログボックスで［関数の分類］から「文字列操作」を，［関数名］から「LEFT」を選択して OK をクリックする。

❸ ［文字列］にセル（B5）をクリック，［文字数］に「3」を入力し， OK をクリックする。

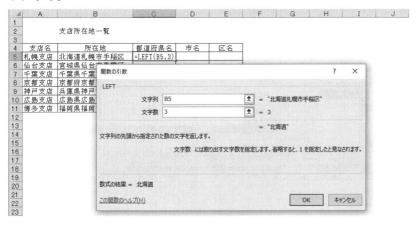

文字列の途中から抽出する（MID）

❶ セル（D5）をクリックし，f_x（関数の挿入）をクリックする。

❷ ［関数の挿入］のダイアログボックスで［関数の分類］から「文字列操作」を，［関数名］から「MID」を選択して OK をクリックする。

❸　［文字列］にセル（B5）をクリック，［開始位置］に「4」を，［文字数］に「3」を
入力し，　OK　をクリックする。

文字列の右から抽出する（RIGHT）

❶　セル（E5）をクリックし，f_x（関数の挿入）をクリックする。

❷　［関数の挿入］のダイアログボックスで［関数の分類］から「文字列操作」を，［関
数名］から「RIGHT」を選択して　OK　をクリックする。

❸　［文字列］にセル（B5）をクリック，［文字数］に「3」を入力し，　OK　をクリ
ックする。

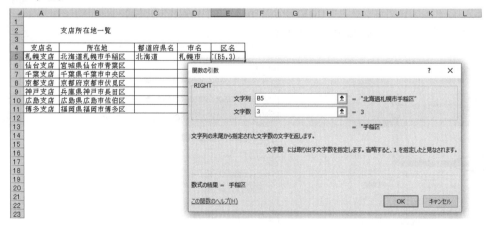

❹ 以下，オートフィル機能を使ってセル（C5～E5）の計算式をセル（C6～E11）に複写する。

	A	B	C	D	E	F
1						
2		支店所在地一覧				
3						
4	支店名	所在地	都道府県名	市名	区名	
5	札幌支店	北海道札幌市手稲区	北海道	札幌市	手稲区	
6	仙台支店	宮城県仙台市青葉区	宮城県	仙台市	青葉区	
7	千葉支店	千葉県千葉市中央区	千葉県	千葉市	中央区	
8	京都支店	京都府京都市伏見区	京都府	京都市	伏見区	
9	神戸支店	兵庫県神戸市長田区	兵庫県	神戸市	長田区	
10	広島支店	広島県広島市佐伯区	広島県	広島市	佐伯区	
11	博多支店	福岡県福岡市博多区	福岡県	福岡市	博多区	
12						
13						

実技練習　9　……　ファイル名：売上一覧表

次の表は，ある会社の売上一覧表である。作成条件にしたがって，表を完成させなさい。

	A	B	C	D	E
1					
2		売上一覧表			
3					
4	売上コード	日	商品コード	商品名	売上数量
5	11A107	※	※	※	※
6	16B250	※	※	※	※
7	19B256	※	※	※	※
8	20A119	※	※	※	※
9	22A157	※	※	※	※
10	25B194	※	※	※	※
11	28A367	※	※	※	※
12	29B207	※	※	※	※
13	30B119	※	※	※	※

作成条件
① 表の体裁（文字位置・罫線）は，上の表を参考にして各自が見やすいように設定する。
② ※印の部分は，関数を利用して計算を行い，結果を表示する。
③ 「日」は，「売上コード」の左端から2文字を抽出して表示する。
④ 「商品コード」は，「売上コード」の左端から3けた目より1文字を抽出して表示する。
⑤ 「商品名」は，「商品コード」が「A」の場合は 冷蔵庫，それ以外の場合は 洗濯機 と表示する。
⑥ 「売上数量」は，「売上コード」の右端から3文字を抽出して表示する。

筆記練習　12

次の表のA3の生徒番号は，左から学年，クラス，出席番号で構成されている。C3に設定されている式を選びなさい。

ア．=MID(A3,2,1)
イ．=LEFT(A3,2)
ウ．=LEFT(A3,1)

	A	B	C	D
1				
2	生徒番号	学年	クラス	出席番号
3	1A01	1	A	1

8 文字列の変換（VALUE）

書　式	=VALUE（文字列）
使用例	=VALUE（A5）

例題 18 スポーツクラブ会員名簿

次の表は，あるスポーツクラブの会員名簿である。作成条件にしたがって，表を完成させなさい。

▲	A	B
1		
2	スポーツクラブ会員名簿	
3		
4	会員コード	会員コードを数値に変換
5	50411	※
6	61212	※
7	70515	※
8	91714	※

作成条件

① 表の体裁（文字位置・罫線）は，上の表を参考にして各自が見やすいように設定する。

② ※印の部分は，関数を利用して結果を表示する。

③ B列は，A列を数値に変換して表示する。

文字列を数値に変換する（VALUE）

❶ セル（B5）をクリックし，f_x（関数の挿入）をクリックする。

❷ ［関数の挿入］のダイアログボックスで［関数の分類］から「文字列操作」を，［関数名］から「VALUE」を選択して OK をクリックする。

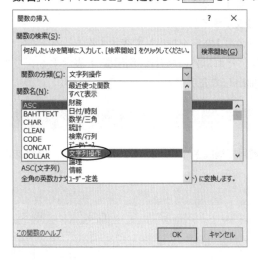

❸ ［**文字列**］にセル(A5)をクリックし，┃OK┃をクリックする。

❹ 以下，オートフィル機能を使ってセル(B6〜B8)に計算式を複写する。

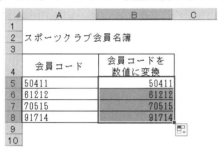

9 日時（TODAY，NOW）

1 今日の日付を求める（TODAY）

書 式 =TODAY（）

2 現在の時刻を求める（NOW）

書 式 =NOW（）

例題 19 日付と時刻

次の表を，作成条件にしたがって完成させなさい。

	A	B
1		
2	本日の日付	ただいまの時刻
3	※	※

作成条件

① 表の体裁（文字位置・罫線）は，上の表を参考にして各自が見やすいように設定する。

② ※印の部分は，関数を利用して計算を行い，結果を表示する。

③ 「本日の日付」は，今日の日付を表示する。

④ 「ただいまの時刻」は，現在の時刻を表示する。

今日の日付を求める（TODAY）

❶ セル（A3）をクリックし，*fx*（関数の挿入）をクリックする。

❷ ［関数の挿入］のダイアログボックスで［関数の分類］から「日付／時刻」を，［関数名］から「TODAY」を選択して OK をクリックする。

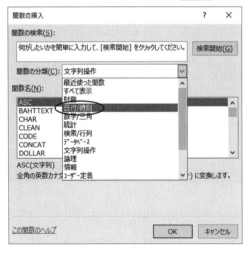

❸ OK をクリックする。

参考
A3の表示形式を日付
から数値に変更すると，
日付のシリアル値が表
示される。

現在の時刻を求める（NOW）

❶ セル（B3）をクリックし，𝑓𝑥（関数の挿入）をクリックする。

❷ ［関数の挿入］のダイアログボックスで［関数の分類］から「日付／時刻」を，［関
数名］から「NOW」を選択して OK をクリックする。

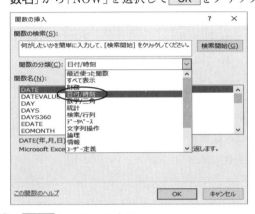

❸ OK をクリックする。

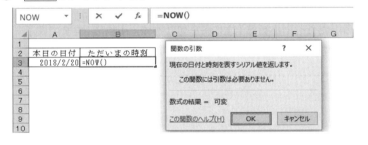

参考
B3の表示形式を時刻
から数値に変更し，小
数点以下の表示桁数を
増やすと時刻のシリア
ル値が表示される。

筆記練習 13

次の表は，羽田空港の天気予報を示した表である。A4には
明日の日付を自動的に表示する。

A4に設定する式として適切なものを選び，記号で答えなさい。

ア．=NOW()

イ．=TODAY()+1

ウ．=TODAY()

	A	B	C
1			
2	羽田空港の天気予報		
3	日付	天気	風速
4	9月4日	晴れ	3m
5	9月5日	晴れのち曇り	2.5m
6	9月6日	曇り	3.5m
7	9月7日	曇りのち雨	8m
8	9月8日	雨	10m
9	9月9日	晴れ	1m
10	9月10日	晴れ時々曇り	2m

Lesson ③ 関数のネスト(入れ子)

関数の中に関数を入れ込むことを関数のネスト(入れ子)という。

これまでは f_x（関数の挿入）から関数を入力してきたが，このLessonから直接セルに関数をキーボードから入力する方法で解説する。

※その際に，[半角/全角]により日本語入力をOFFにしてから入力する。

例題 20 焼きそばフェスティバル売上一覧表

次の表は，焼きそばフェスティバル売上一覧表である。作成条件にしたがって，表を完成させなさい。

	A	B	C	D	E	F	G	H	I
1									
2			焼きそばフェスティバル売上一覧表						
3				売上数					
4	品名	商品コード	単価	10月	11月	12月	合計	売上金額	備考
5	横手焼きそば	Y510	※	1,036	1,158	1,293	※	※	※
6	カレー焼きそば	K710	※	1,023	1,250	1,369	※	※	※
7	浪江焼きそば	N580	※	1,265	1,591	1,987	※	※	※
8	つゆ焼きそば	T700	※	1,093	1,368	1,499	※	※	※
9	石巻焼きそば	I690	※	1,209	1,808	1,908	※	※	※
10	タン塩焼きそば	TS950	※	1,013	1,109	1,509	※	※	※
11			平均	※	※	※	※		

作成条件

① 表の体裁(文字位置・罫線)は，上の表を参考にして各自が見やすいように設定する。

② ※印の部分は，式や関数を利用して計算を行い，結果を表示する。

③ 「単価」は，「商品コード」の右端から3文字を抽出し，数値に変換して表示する。

④ 「合計」は，10月～12月の合計を求める。

⑤ 「売上金額」は，次の式で求める。

　　「単価　×　合計」

⑥ 「備考」は，「合計」が4,000以上の場合は ◎ を表示し，3,500以上の場合は ○ を表示し，それ以外の場合は何も表示しない。

⑦ 「平均」は，各列の平均を求める。ただし，小数第1位未満を切り捨て，小数第1位まで表示する。

単価の求め方（作成条件③）

文字を数値に変換するVALUEと右端から文字を抽出するRIGHTの2つの関数を利用する。

❶ セル(C5)をクリックし，「=VALUE(RIGHT(B5,3))」と入力する。

VALUE	▼	× ✓ f_x	=VALUE(RIGHT(B5,3))	
	A	B	C	D	E
1					
2		焼きそばフェスティバル売上一覧表			
3				売上数	
4	品名	商品コード	単価	10月	11月
5	横手焼きそば	Y510	=VALUE(RIGHT(B5,3))		

❷ 入力し終えたら，Enterを押すと結果が表示される。

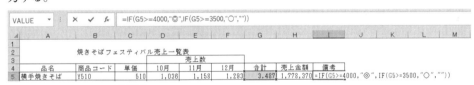

	A	B	C	D	E
1					
2		焼きそばフェスティバル売上一覧表			
3					売上数
4	品名	商品コード	単価	10月	11月
5	横手焼きそば	Y510	510	1,036	1,158

❸ 以下，オートフィル機能を使ってセル（C6〜C10）に複写する。

	A	B	C	D	E
1					
2		焼きそばフェスティバル売上一覧表			
3					売上数
4	品名	商品コード	単価	10月	11月
5	横手焼きそば	Y510	510	1,036	1,158
6	カレー焼きそば	K710	710	1,023	1,250
7	浪江焼きそば	N580	580	1,265	1,591
8	つゆ焼きそば	T700	700	1,093	1,368
9	石巻焼きそば	I690	690	1,209	1,808
10	タン塩焼きそば	TS950	950	1,013	1,109
11			平均		
12					

備考（判定）の求め方（作成条件⑥）

IFを2回使用する。

❶ セル（I5）をクリックし，「=IF（G5>=4000,"◎",IF（G5>=3500,"○",""））」と入力する。

	A	B	C	D	E	F	G	H	I	J	K	L	M
1													
2			焼きそばフェスティバル売上一覧表										
3					売上数								
4	品名	商品コード	単価	10月	11月	12月	合計	売上金額	備考				
5	横手焼きそば	Y510	510	1,038	1,158	1,293	3,487	1,778,370	=IF(G5>=4000,"◎",IF(G5>=3500,"○",""))				

❷ 入力し終えたら，Enterを押すと結果が表示される。

	A	B	C	D	E	F	G	H	I	J
1										
2		焼きそばフェスティバル売上一覧表								
3					売上数					
4	品名	商品コード	単価	10月	11月	12月	合計	売上金額	備考	
5	横手焼きそば	Y510	510	1,038	1,158	1,293	3,487	1,778,370		

❸ 以下，オートフィル機能を使ってセル（I6〜I10）に複写する。

	A	B	C	D	E	F	G	H	I	J
1										
2		焼きそばフェスティバル売上一覧表								
3					売上数					
4	品名	商品コード	単価	10月	11月	12月	合計	売上金額	備考	
5	横手焼きそば	Y510	510	1,036	1,158	1,293	3,487	1,778,370		
6	カレー焼きそば	K710	710	1,023	1,250	1,369	3,642	2,585,820	○	
7	浪江焼きそば	N580	580	1,265	1,591	1,987	4,843	2,808,940	◎	
8	つゆ焼きそば	T700	700	1,093	1,368	1,499	3,960	2,772,000	○	
9	石巻焼きそば	I690	690	1,209	1,808	1,908	4,925	3,398,250	◎	
10	タン塩焼きそば	TS950	950	1,013	1,109	1,509	3,631	3,449,450	○	
11			平均							
12										

平均の求め方（作成条件⑦）

切り捨てのROUNDDOWNと平均のAVERAGEの2つの関数を使用する。

❶　セル（D11）をクリックし，「=ROUNDDOWN（AVERAGE（D5:D10），1）」と入力する。

| VALUE | ▼ | : | × | ✓ | *fx* | =ROUNDDOWN(AVERAGE(D5:D10),1) |

	A	B	C	D	E	F	G	H	I
1									
2		焼きそばフェスティバル売上一覧表							
3				売上数					
4	品名	商品コード	単価	10月	11月	12月	合計	売上金額	備考
5	横手焼きそば	Y510	510	1,036	1,158	1,293	3,487	1,778,370	
6	カレー焼きそば	K710	710	1,023	1,250	1,369	3,642	2,585,820	○
7	浪江焼きそば	N580	580	1,265	1,591	1,987	4,843	2,808,940	◎
8	つゆ焼きそば	T700	700	1,093	1,368	1,499	3,960	2,772,000	○
9	石巻焼きそば	I690	690	1,209	1,808	1,908	4,925	3,398,250	◎
10	タン塩焼きそば	TS950	950	1,013	1,109	1,509	3,631	3,449,450	○
11			平均	=ROUNDDOWN(AVERAGE(D5:D10),1)					
12									

❷　入力し終えたら，Enterを押すと結果が表示される。

| D11 | ▼ | : | × | ✓ | *fx* | =ROUNDDOWN(AVERAGE(D5:D10),1) |

	A	B	C	D	E	F	G	H	I
1									
2		焼きそばフェスティバル売上一覧表							
3				売上数					
4	品名	商品コード	単価	10月	11月	12月	合計	売上金額	備考
5	横手焼きそば	Y510	510	1,036	1,158	1,293	3,487	1,778,370	
6	カレー焼きそば	K710	710	1,023	1,250	1,369	3,642	2,585,820	○
7	浪江焼きそば	N580	580	1,265	1,591	1,987	4,843	2,808,940	◎
8	つゆ焼きそば	T700	700	1,093	1,368	1,499	3,960	2,772,000	○
9	石巻焼きそば	I690	690	1,209	1,808	1,908	4,925	3,398,250	◎
10	タン塩焼きそば	TS950	950	1,013	1,109	1,509	3,631	3,449,450	○
11			平均	1,106.5					
12									

❸　以下，オートフィル機能を使ってセル（E11〜G11）に複写する。

	A	B	C	D	E	F	G	H	I
1									
2		焼きそばフェスティバル売上一覧表							
3				売上数					
4	品名	商品コード	単価	10月	11月	12月	合計	売上金額	備考
5	横手焼きそば	Y510	510	1,036	1,158	1,293	3,487	1,778,370	
6	カレー焼きそば	K710	710	1,023	1,250	1,369	3,642	2,585,820	○
7	浪江焼きそば	N580	580	1,265	1,591	1,987	4,843	2,808,940	◎
8	つゆ焼きそば	T700	700	1,093	1,368	1,499	3,960	2,772,000	○
9	石巻焼きそば	I690	690	1,209	1,808	1,908	4,925	3,398,250	◎
10	タン塩焼きそば	TS950	950	1,013	1,109	1,509	3,631	3,449,450	○
11			平均	1,106.5	1,380.6	1,594.1	4,081.3		
12									
13									

参考　マウス操作による関数の入れ子の入力

入れ子になった関数をキーボードから直接入力する以外に，マウスの操作によって入力することもできる。

❶　*fx*（関数の挿入）ボタンをクリックし，[関数の挿入]ダイアログボックスが表示されたら，入れ子の外側にあたる関数を選択する。

❷　表示された[関数の引数]ダイアログボックスで，引数として入力したい関数（入れ子の内側の関数）の位置にカーソルを置き，数式バーの左側にある[名前ボックス]より関数を選択する。

❸　入れ子の内側の関数の[関数の引数]ダイアログボックスに，必要な引数を入力する。数式バーに表示される計算式を確認し，計算式の入れ子の外側にあたる関数名の部分をクリックする。

❹　入れ子の外側の関数の[関数の引数]のダイアログボックスに戻るので，入力を完成させる。

次の表は，ある店の中華まん売上を集計した表である。作成条件にしたがって，表を完成させなさい。

	A	B	C	D	E
1					
2		冬季中華まん売上集計表			
3					
4		集計コード	商品コード	商品名	売上高
5		256870N	※	※	※
6	１２月	247890P	※	※	※
7		099850A	※	※	※
8		336840N	※	※	※
9	１月	289860P	※	※	※
10		102740A	※	※	※
11		401590N	※	※	※
12	２月	399870P	※	※	※
13		199830A	※	※	※
14				平均売上高	※

作成条件

① 表の体裁（文字位置・罫線）は，上の表を参考にして各自が見やすいように設定する。

② ※印の部分は，関数を利用して計算を行い，結果を表示する。

③ 「商品コード」は，「集計コード」の右端から1文字を抽出して表示する。

④ 「商品名」は，商品コードが「N」の場合は 肉まん を表示し，「P」の場合は ピザまん を表示し，それ以外の場合は あんまん を表示する。

⑤ 「売上高」は，「集計コード」の左端から6文字を抽出し，数値に変換して表示する。

⑥ 「平均売上高」は，売上高の平均を求め，小数点以下を切り上げて表示する。

次の表は，校内情報処理競技大会結果を集計した表である。「備考」には，「得点」が最も高い組に 優勝 と表示し，それ以外の場合は何も表示しない。

C4に設定する式として，適切なものを記号で答えなさい。

ア．=IF(RANK(B4,$B$4:$B$9,1)=1,"優勝","")

イ．=IF(MAX($B$4:$B$9)=B4,"優勝","")

ウ．=IF(MIN($B$4:$B$9)=B4,"優勝","")

	A	B	C
1			
2	校内情報処理競技大会結果		
3	クラス	得点	備考
4	3年1組	598	
5	3年2組	691	
6	3年3組	493	
7	3年4組	706	優勝
8	3年5組	528	
9	3年6組	583	

Lesson ◆4◆ Excelのグラフ作成

1 円グラフの作成

円グラフは，内訳比率を的確に表すときに用いる。

例題 21 経済活動別国内総生産

次のような表を作成して，円グラフを作成しなさい。

	A	B	C	D	E
1					
2		経済活動別国内総生産			
3					
4	種類	一昨年	昨年	今年	前年比
5	農林水産業	5,700	5,440	5,556	2.1%
6	製造業	98,666	83,351	93,362	12.0%
7	建設業	28,091	26,948	26,656	-1.1%
8	卸売・小売業	70,111	64,136	64,352	0.3%
9	金融・保険業	25,082	23,742	23,630	-0.5%
10	サービス業	94,580	91,541	91,988	0.5%
11	合計	322,230	295,158	305,544	

グラフの作成

❶ セル（A5〜A10）をドラッグし，Ctrlを押しながら，セル（D5〜D10）をドラッグしてグラフ範囲を指定する。

	A	B	C	D	E	F
1						
2		経済活動別国内総生産				
3						
4	種類	一昨年	昨年	今年	前年比	
5	農林水産業	5,700	5,440	5,556	2.1%	
6	製造業	98,666	83,351	93,362	12.0%	
7	建設業	28,091	26,948	26,656	-1.1%	
8	卸売・小売業	70,111	64,136	64,352	0.3%	
9	金融・保険業	25,082	23,742	23,630	-0.5%	
10	サービス業	94,580	91,541	91,988	0.5%	
11	合計	322,230	295,158	305,544		
12						

❷ ［挿入］→ （円またはドーナツグラフの挿入）→［2-D 円］→ （円）をク
リックすると，グラフが作成される。

❸ マウスポインタをグラフエリアにポイントすると，と表示が変わる。そ
のままドラッグすると，グラフをワークシート内の別の場所に移動することが
できる。

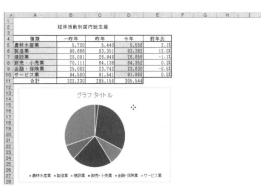

❹ グラフエリアをクリックして，アクティブな（外側に枠がある）状態にして
枠の右下にマウスポインタを合わせ，ドラッグして大きさを変更する。変更後
の大きさによって，グラフや文字のサイズは自動調整される。

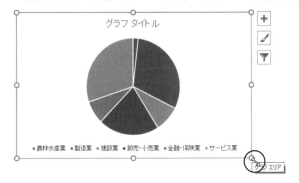

▶ Point
枠の四隅と上下左右の
計8か所で大きさを調
整することができる。

▶ Point
グラフ近くのプロット
エリアを選択してグラ
フのみ拡大・縮小する
こともできる。

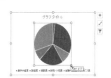

❺ グラフタイトルをクリックして編集可能な状態にし,「今年の国内総生産の割合」と入力する。

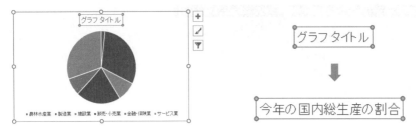

❻ グラフタイトル以外のところをクリックすると, タイトルが確定する。

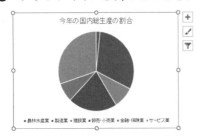

❼ グラフの右側にある ✚ (グラフ要素) をクリックし,「データラベル」の ▶ をクリックし, [その他のオプション]をクリックする。

❽ [データラベルの書式設定]の[ラベルオプション]から次のように設定する。
 ▮▮ (ラベルオプション) をクリックし, [ラベルオプション]の[ラベルの内容]の「分類名」と「パーセンテージ」にチェックを入れ, [ラベルの位置]を「外部」に設定する。

なお, [データラベルの書式設定]は, グラフエリアをクリックし, [デザイン]→ ▮▮ (グラフ要素を追加)→[データラベル]→[その他のデータラベルオプション]から表示することもできる。

参考
Excelのバージョンによっては, [デザイン]が[グラフのデザイン]と表示される。

❾ ［表示形式］をクリックし，［カテゴリ］を「パーセンテージ」，［小数点以下の桁数］を「1」に設定し，追加をクリックする。

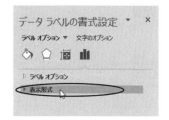

❿ ✚（グラフ要素）をクリックし，「凡例」のチェックマークをはずす。

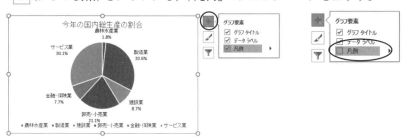

　なお，グラフエリアをクリックし，［デザイン］→▮▮（グラフ要素を追加）→［凡例］→［なし］で設定することもできる。

⓫　グラフエリアの外側をクリックすると，グラフが確定する。

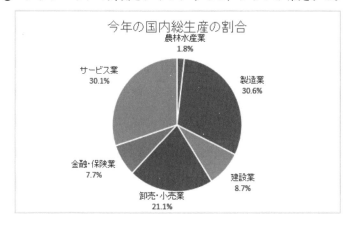

▶ **Point**
グラフエリアをクリックし，［ホーム］の［フォント］を指定することで，グラフの文字フォントを変更することができる。

2 切り離し円グラフの作成

切り離し円グラフは，全体に対する値の内訳比率と，その中で強調したい項目を表すときに用いる。

例題 22 都道府県別土地利用の割合

次のような表を作成して，切り離し円グラフを作成しなさい。

	A	B	C	D	E
2		都道府県別土地利用の割合			
4	都道府県	宅地	田	畑	山林
5	北海道	1,027	2,384	8,581	11,013
6	秋田県	249	1,314	234	1,948
7	群馬県	410	269	600	914
8	東京都	569	4	98	304
9	富山県	235	602	60	376
10	大阪府	508	115	41	150
11	福岡県	619	712	287	908
12	鹿児島県	358	472	1,092	2,380
13	沖縄県	135	16	467	81
14	合計	4,110	5,888	11,460	18,074

大阪府における土地利用の割合

山林 18.4%
畑 5.0%
田 14.1%
宅地 62.4%

切り離し円グラフの作成

❶ セル（B4〜E4）とセル（B10〜E10）をグラフ範囲として，以下のような円グラフを作成し，円グラフの任意の場所をクリックする。

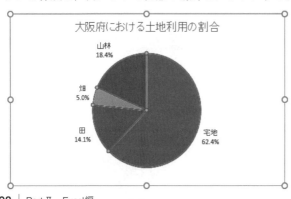

❷　さらに，切り離したいデータ要素（宅地）の扇形部分をクリックすると，「宅地」
だけが選択された状態となる。

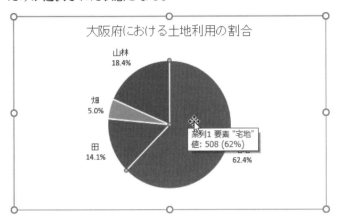

❸　「宅地」の扇形部分を中心より外側にドラッグし，適切な位置でドロップする。

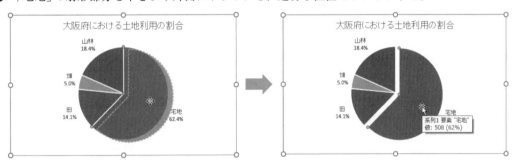

❹　グラフエリアの外側をクリックすると，グラフが確定する。

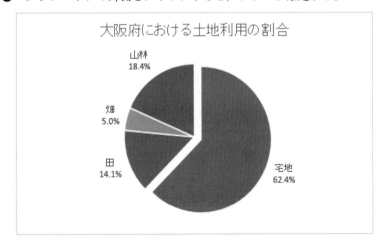

3 集合棒（縦棒）グラフの作成

集合棒グラフは，複数項目の変化や量の大きさを表すときに用いる。

例 題 23 アイスクリーム月別売上集計表

次のような表を作成して，集合縦棒グラフを作成しなさい。

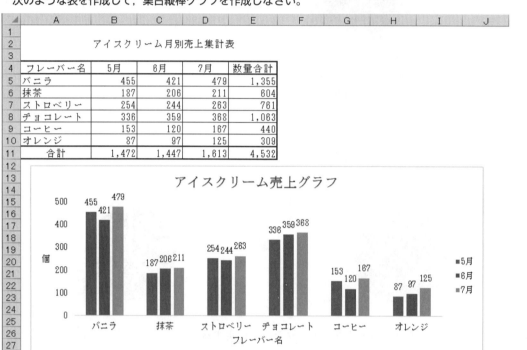

集合縦棒グラフの作成

❶ セル（A4〜D10）をドラッグし，グラフ範囲を指定する。

	A	B	C	D	E
1					
2	アイスクリーム月別売上集計表				
3					
4	フレーバー名	5月	6月	7月	数量合計
5	バニラ	455	421	479	1,355
6	抹茶	187	206	211	604
7	ストロベリー	254	244	263	761
8	チョコレート	336	359	368	1,063
9	コーヒー	153	120	167	440
10	オレンジ	87	97	125	309
11	合計	1,472	1,447	1,613	4,532

❷ ［挿入］→ ▮▮（縦棒／横棒グラフの挿入）→［2-D 縦棒］→ ▮▮▮（集合縦棒）をク
リックすると，グラフが作成される。

参 考
Excel 2013の場合，「縦
棒／横棒グラフの挿入」
は，「縦棒グラフの挿入」
と表示される。

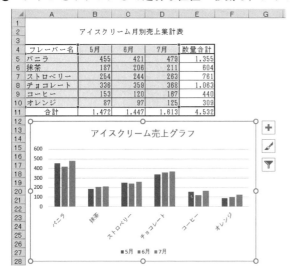

❸ グラフをドラッグして適切な位置へ移動し，グラフタイトルを入力する。

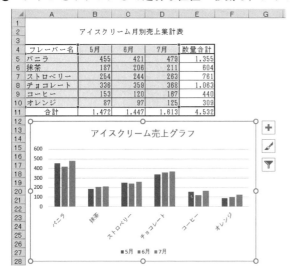

❹ グラフの右側にある ＋（グラフ要素）をクリックし，「軸ラ
ベル」の ▶ をクリックし，「第1横軸」と「第1縦軸」にチェッ
クを入れる。
　なお，［デザイン］→ ▮▮（グラフ要素を追加）→［軸ラベル］
から「第1横軸」と「第1縦軸」を設定することもできる。

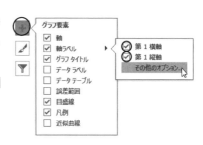

❺ 横（項目）軸ラベルに，「フレーバー名」と入力する。

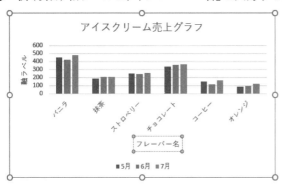

❻　グラフエリア内の縦（値）軸ラベルを選択対象とし，［書式］の「選択対象の書
式設定」をクリックするか，または，右クリックして，［軸ラベルの書式設定］
より （サイズとプロパティ）をクリックして，「配置」の文字列の方向を「縦
書き」にする。縦（値）軸ラベルに「個」と入力する。

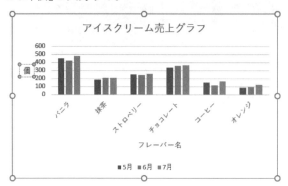

❼　（グラフ要素）をクリックし，「目盛線」のチェックをはず
す。

❽　 （グラフ要素）の「凡例」の▶をクリックし，「右」に設定する。
　　なお，グラフエリア内の凡例をクリックして
選択対象とし，［書式］の「選択対象の書式設定」
をクリックするか，または，右クリックして，「凡
例の書式設定」の「凡例のオプション」より「右」
に設定することもできる。

❾ 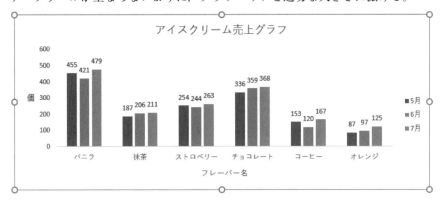（グラフ要素）の「データラベル」の▶をクリックし，[外側]に設定する。データラベルが重ならないように，グラフエリアを適切な大きさに拡げる。

なお，[デザイン]→（グラフ要素を追加）→[データラベル]→[外側]で設定することもできる。

❿ グラフエリア内の縦（値）軸をクリックして選択対象とし，[書式]の「選択対象の書式設定」をクリックすると，[軸の書式設定]が表示される。「軸のオプション」の「境界値」の最小値を0，最大値を500，単位の主を100に設定する。

参考
Excelのバージョンによっては，軸のオプションの単位[主]は目盛間隔[目盛]，[補助]は，[補助目盛]と表示される。

▶Point
縦（値）軸をダブルクリックして[軸の書式設定]を表示することもできる。

⓫ グラフエリアの外側をクリックすると，グラフが確定する。

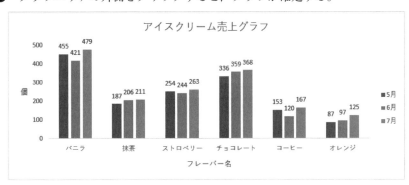

4 積み上げ棒グラフの作成

　積み上げ棒グラフは，複数のデータ範囲の値を1つの縦棒に積み上げて，総量の表示や総量に対する各データの比率を表すときに用いる。

例題 24 サンドウィッチ曜日別売上一覧表

次のような表を作成して，積み上げ縦棒グラフを作成しなさい。

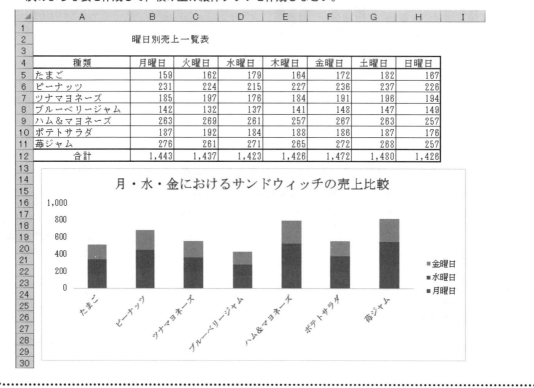

	A	B	C	D	E	F	G	H
1								
2		曜日別売上一覧表						
3								
4	種類	月曜日	火曜日	水曜日	木曜日	金曜日	土曜日	日曜日
5	たまご	159	162	179	164	172	182	167
6	ピーナッツ	231	224	215	227	236	237	226
7	ツナマヨネーズ	185	197	176	184	191	196	194
8	ブルーベリージャム	142	132	137	141	148	147	149
9	ハム＆マヨネーズ	263	269	261	257	267	263	257
10	ポテトサラダ	187	192	184	188	186	187	176
11	苺ジャム	276	261	271	265	272	268	257
12	合計	1,443	1,437	1,423	1,426	1,472	1,480	1,426

積み上げ縦棒グラフの作成

❶　セル（A4〜B11）をドラッグし，Ctrlを押しながら，セル（D4〜D11）とセル（F4〜F11）をドラッグしてグラフ範囲を指定する。

	A	B	C	D	E	F	G	H
1								
2		曜日別売上一覧表						
3								
4	種類	月曜日	火曜日	水曜日	木曜日	金曜日	土曜日	日曜日
5	たまご	159	162	179	164	172	182	167
6	ピーナッツ	231	224	215	227	236	237	226
7	ツナマヨネーズ	185	197	176	184	191	196	194
8	ブルーベリージャム	142	132	137	141	148	147	149
9	ハム＆マヨネーズ	263	269	261	257	267	263	257
10	ポテトサラダ	187	192	184	188	186	187	176
11	苺ジャム	276	261	271	265	272	268	257
12	合計	1,443	1,437	1,423	1,426	1,472	1,480	1,426

❷ ［挿入］→▮▮（縦棒／横棒グラフの挿入）→［2-D 縦棒］→▮▮▮（積み上げ縦棒）
をクリックすると，グラフが作成される。

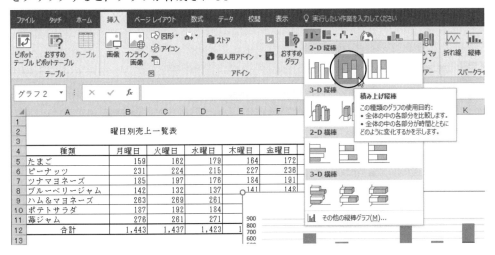

❸ タイトルに「月・水・金におけるサンドウィッチの売上比較」と入力し，目
盛線や軸のオプションを調整してから，グラフをドラッグして適切な位置へ移
動する。

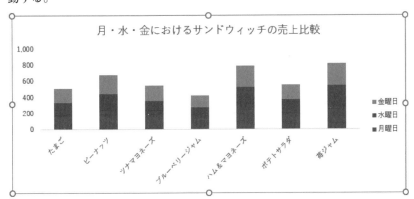

5 100%積み上げ棒グラフの作成

100%積み上げ棒グラフは，総量に対する各データの比率を項目ごとに表すときに用いる。

例題 25 電子商取引の利用状況

次のような表を作成して，100%積み上げ横棒グラフを作成しなさい。

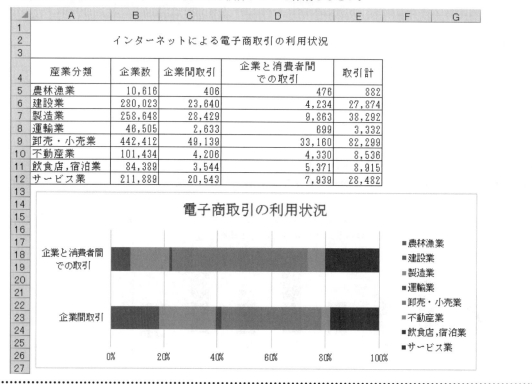

	産業分類	企業数	企業間取引	企業と消費者間での取引	取引計
	インターネットによる電子商取引の利用状況				
5	農林漁業	10,616	406	476	882
6	建設業	280,023	23,640	4,234	27,874
7	製造業	258,648	28,429	9,863	38,292
8	運輸業	46,505	2,633	699	3,332
9	卸売・小売業	442,412	49,139	33,160	82,299
10	不動産業	101,434	4,206	4,330	8,536
11	飲食店,宿泊業	84,389	3,544	5,371	8,915
12	サービス業	211,889	20,543	7,939	28,482

100%積み上げ横棒グラフの作成

❶ セル（A4〜A12）をドラッグし，[Ctrl]を押しながら，セル（C4〜D12）をドラッグしてグラフ範囲を指定する。

	産業分類	企業数	企業間取引	企業と消費者間での取引	取引計
	インターネットによる電子商取引の利用状況				
5	農林漁業	10,616	406	476	882
6	建設業	280,023	23,640	4,234	27,874
7	製造業	258,648	28,429	9,863	38,292
8	運輸業	46,505	2,633	699	3,332
9	卸売・小売業	442,412	49,139	33,160	82,299
10	不動産業	101,434	4,206	4,330	8,536
11	飲食店,宿泊業	84,389	3,544	5,371	8,915
12	サービス業	211,889	20,543	7,939	28,482

▶**Point**
セル（D4）は[Alt]＋[Enter]で改行しておくとよい。

❷ ［挿入］→ ■■（縦棒／横棒グラフの挿入）→［2-D横棒］→ ≣（100%積み上げ横棒）をクリックすると，グラフが作成される。

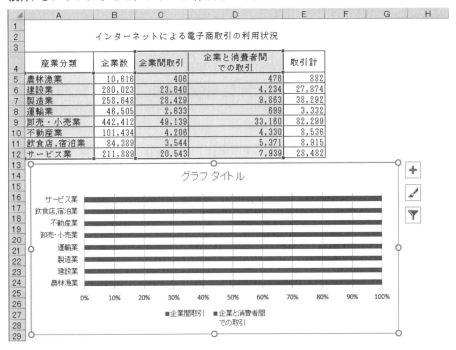

❸ グラフが選択された状態で，［デザイン］→ （行／列の切り替え）をクリックする。

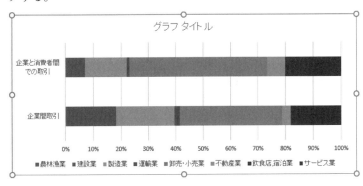

❹ タイトルに「電子商取引の利用状況」と入力し，凡例の位置を右に移動してから，グラフをドラッグして適切な位置へ移動する。

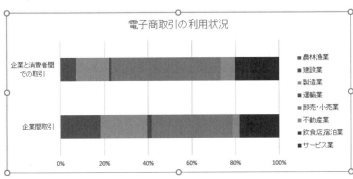

6 折れ線グラフの作成

折れ線グラフは，時系列での変化を表すときに用いる。

次のような表を作成し，折れ線グラフを作成しなさい。

	A	B	C	D	E	F	G
1							
2	動物園の月別入園者数						
3							
4	料金区分	4月	5月	6月	7月	8月	9月
5	有料	36,264	124,170	134,062	168,407	225,183	172,908
6	無料	15,825	45,873	32,999	56,266	101,074	36,627
7	計	52,089	170,043	167,061	224,673	326,257	209,535

折れ線グラフの作成

❶ セル（A4～G6）をドラッグし，グラフ範囲を指定する。

	A	B	C	D	E	F	G	H
1								
2	動物園の月別入園者数							
3								
4	料金区分	4月	5月	6月	7月	8月	9月	
5	有料	36,264	124,170	134,062	168,407	225,183	172,908	
6	無料	15,825	45,873	32,999	56,266	101,074	36,627	
7	計	52,089	170,043	167,061	224,673	326,257	209,535	
8								

❷ ［挿入］→ （折れ線／面グラフの挿入）→［2-D 折れ線］→ （マーカー付き折れ線）をクリックすると，グラフが作成される。

❸ タイトルに「月別入園者数の推移」と入力し，縦軸ラベルに「人」と入力し，「文字列の方向」を「縦書き」にする。横軸ラベルには「月」と入力する。

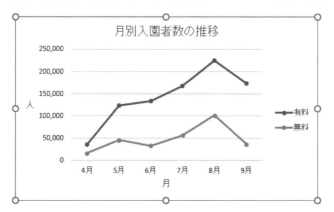

❹ グラフエリア内の縦（値）軸をクリックして選択対象とし，［書式］の「選択対象の書式設定」をクリックすると，［軸の書式設定］が表示される。［軸のオプション］の「境界値」の最小値を0,最大値を300000,「単位」の主を100000に設定する。

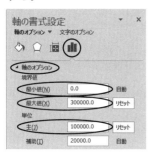

❻ ✛ (グラフ要素) →「凡例」の ▶ → [下] を選択する。
　なお，グラフエリア内の凡例をクリックして選択対象とし，[書式]の「選択
対象の書式設定」より，凡例の位置を設定することもできる。

❼ グラフをドラッグして適切な位置へ移動する。

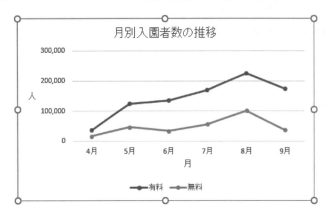

7 レーダーチャートの作成

レーダーチャートは，各データの構成を比較するときに用いる。Excelでは，レーダーという。

例題 27 スマートフォンの評価①

次のような表を作成し，レーダーチャートを作成しなさい。

	A	B	C	D	E	F	G
1							
2		スマートフォンの評価					
3							
4	機種	保存容量	画面サイズ	解像度	重さ	バッテリー	待受時間
5	TEDIAS	4	4	3	1	3	5
6	KALAXY	5	4	4	4	3	3
7	RPTIMS	3	4	4	3	3	4
8	SPERIA	4	5	5	3	4	3
9	HOMEY	2	3	2	5	2	4
10	BRROWS	5	5	5	2	5	5
11	FLUGA	4	5	5	2	4	2
12	NQUOS	4	4	4	3	2	2
13	総計	31	34	32	23	26	28

レーダーチャートの作成

❶ セル（A4〜G6）をドラッグし，グラフデータを範囲指定する。

	A	B	C	D	E	F	G	H
1								
2		スマートフォンの評価						
3								
4	機種	保存容量	画面サイズ	解像度	重さ	バッテリー	待受時間	
5	TEDIAS	4	4	3	1	3	5	
6	KALAXY	5	4	4	4	3	3	
7	RPTIMS	3	4	4	3	3	4	
8	SPERIA	4	5	5	3	4	3	
9	HOMEY	2	3	2	5	2	4	
10	BRROWS	5	5	5	2	5	5	
11	FLUGA	4	5	5	2	4	2	
12	NQUOS	4	4	4	3	2	2	
13	総計	31	34	32	23	26	28	
14								

❷ ［挿入］→⭐（等高線グラフまたはレーダーチャートの挿入）→［レーダー］
→⭐（マーカー付きレーダー）をクリックすると，グラフが作成される。

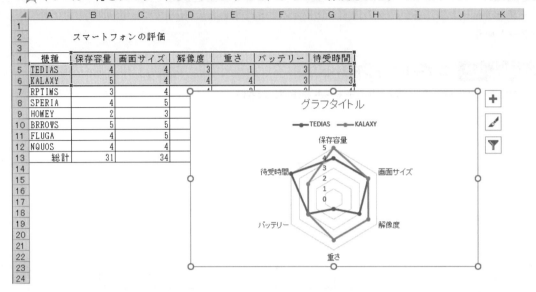

参考
Excelのバージョンによっては，［挿入］→📊（ウォーターフォール図，じょうごグラフ，株価
チャート，等高線グラフ，レーダーチャートの挿入）→［レーダー］→⭐（マーカー付きレーダ
ー）をクリックする。

❸ タイトルに「スマートフォンの性能比較」と入力し，凡例の位置を「下」にして，
グラフをドラッグし，適切な位置へ移動する。

次のような表とグラフを作成し（または呼び出し），印刷しなさい。

	A	B	C	D	E	F	G
1							
2		スマートフォンの評価					
3							
4	機種	保存容量	画面サイズ	解像度	重さ	バッテリー	待受時間
5	TEDIAS	4	4	3	1	3	5
6	KALAXY	5	4	4	4	3	3
7	RPTIMS	3	4	4	3	3	4
8	SPERIA	4	5	5	3	4	3
9	HOMEY	2	3	2	5	2	4
10	BRROWS	5	5	5	2	5	5
11	FLUGA	4	5	5	2	4	2
12	NQUOS	4	4	4	3	2	2
13	総計	31	34	32	23	26	28

印刷確認（印刷プレビュー）後の印刷

作成したワークシートを印刷してみよう。

［ファイル］→［印刷］をクリックすると，指定した用紙にどのように印刷されるか（位置や大きさなどの体裁のイメージ）を確認しながら，用紙に印刷することができる。左に寄りすぎていたり，表やグラフが2枚の用紙に分かれて印刷されてしまうことがあるので，印刷プレビューを見て，指定した用紙に体裁よく印刷できるかを確認してから印刷しよう。

❶ ［ファイル］→［印刷］をクリックすると，左に各種設定項目，右に指定された用紙に印刷されるイメージをレイアウトした印刷プレビューが表示される。

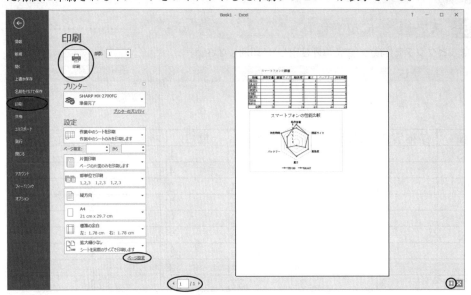

❷ 印刷プレビューを確認する。左下のページ表記が「1/1」になっていれば，指定した用紙1枚に印刷できる。左の項目の［プリンター］に表示されている機種が，出力先でよければ🖶（印刷）をクリックする。

印刷設定の変更

印刷プレビューを確認したとき，表やグラフが左に寄りすぎていたり，指定した用紙から表やグラフがはみ出して1ページに印刷できない場合，次のように設定を変更する。

印刷設定の変更①

列幅が広すぎたり狭すぎたりする場合は，◀をクリックし，［ホーム］よりワークシートの列幅を体裁よく調整する。調整後，再び印刷プレビューで確認し，よければ印刷する。

印刷設定の変更②

印刷プレビュー画面右下の▦（余白の表示）ボタンをクリックすると，余白領域の位置が点線で表示される。点線にマウスポインタを合わせ，✚や✛をドラッグすると余白の幅を調整できる。

印刷設定の変更③

印刷プレビュー画面左側の下部にある［ページ設定］をクリックすると，［ページ設定］のダイアログボックスが表示される。［ページ］タブで，［印刷の向き］，［拡大縮小印刷］，［用紙サイズ］を調整する。

・**印刷の向き**…印刷する用紙を縦に使うか，横に使うかを指定する。
・**拡大縮小印刷**…指定した用紙にワークシートがおさまるように縮小して印刷する方法である。①や②の方法でうまく調整できない場合は，ワークシート全体を縮小して印刷する。［次のページ数に合わせて印刷］を選択して，「横1×縦1」と指定すると，シートが指定された用紙におさまるように，［拡大／縮小］の比率が100％未満に自動的に設定される。 OK をクリックすると，印刷したいワークシートが縮小され，1枚の用紙におさまっている。

また，他の方法として，印刷プレビュー左側の拡大縮小の設定から［シートを1ページに印刷］を選択しても同様の結果が得られる。

・**用紙サイズ**…印刷したい用紙のサイズを選択する。選択した用紙サイズに合わせて，印刷プレビューが表示される。

▍表とグラフを別々のワークシートに作成した場合の印刷

表のワークシートは，印刷プレビューで指定の用紙1枚に印刷されるかどうかを確認した後で印刷を開始する。

グラフエリアで右クリックし，［グラフの移動］→［新しいシート］で作成されたグラフのワークシートは，指定の用紙1枚に大きく印刷されるようになっている。

例題 29 人気デザート売上一覧

　次の資料は，ファミリーレストランにおけるデザートの価格と売上を示したものである。資料を参照し，作成条件にしたがって，表とグラフを作成しなさい。

　資料

単価表

種類	単価
杏仁豆腐	200
パンケーキ	390
ブラウニー	580
バナナパフェ	610
コーヒーゼリー	500

売上表

種類	10月	11月	12月
杏仁豆腐	157	210	274
パンケーキ	112	157	207
ブラウニー	173	141	275
バナナパフェ	97	189	251
コーヒーゼリー	131	157	222

作成条件

① 表およびグラフの体裁は，下の表および右のグラフを参考にして設定する。

$$\left(\begin{array}{l}\text{設 定 す る 　書 式：罫線の種類，行高，セル内の配置}\\ \text{設定する数値の表示形式：3桁ごとのコンマ，小数の表示桁数}\end{array}\right)$$

② 表の※印の部分は，式や関数を利用して求める。

③ F列の「合計」は，「10月」から「12月」までの合計を求める。

④ 「売上金額」は，次の式で求める。

　　「単価 × 合計」

⑤ 「備考」は，「売上金額」が200,000円以下の場合は ○，それ以外の場合は何も表示しない。

⑥ 10行目の「合計」は，各月の合計を求める。

⑦ 「最高」は，各月の最大値を求める。

⑧ 「平均」は，各月の平均を求める。ただし，小数第1位まで表示する。

⑨ 表の作成後，5～9行目のデータをF列の「合計」を基準として，降順に並べ替える。

⑩ 折れ線グラフは，⑨の並べ替えの処理をしたあと，月ごとのデザートの売上の推移を把握することができるものを作成する。

　(1) 数値軸（縦軸）目盛は，最小値(0)，最大値(300)および間隔(50)を設定する。

　(2) 主横軸目盛線は表示しない。

▲	A	B	C	D	E	F	G	H
1								
2		人気デザートの売上一覧						
3								
4	種類	単価	10月	11月	12月	合計	売上金額	備考
5	杏仁豆腐	200	157	210	274	※	※	※
6	パンケーキ	390	112	157	207	※	※	※
7	ブラウニー	580	173	141	275	※	※	※
8	バナナパフェ	610	97	189	251	※	※	※
9	コーヒーゼリー	500	131	157	222	※	※	※
10	合計		※	※	※			
11	最高		※	※	※			
12	平均		※	※	※			

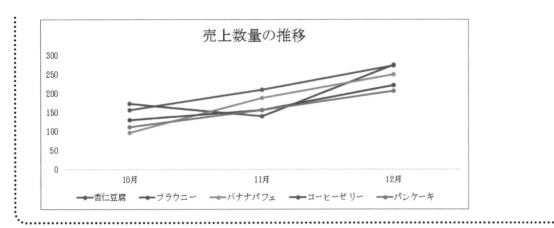

データ入力と表の体裁（作成条件①）

表にしたがって，データを入力する。

●文字位置の変更

❶ セル（A4〜H4）を選択し，［ホーム］→ ≡ （中央揃え）をクリックする。

●列幅の変更（列幅の自動調整）

❶ マウスポインタを，列番号AとBの境界線に合わせ，ダブルクリックする。

※境界線でダブルクリックすると，列に入力された文字数に応じて，列幅が自動調整される。

ダブルクリックをしても調整できない場合は，マウスポインタを，列番号ＡとＢの境界線に合わせ，右にドラッグする。

❷　セル (A10～B10) を選択し，[ホーム]→ 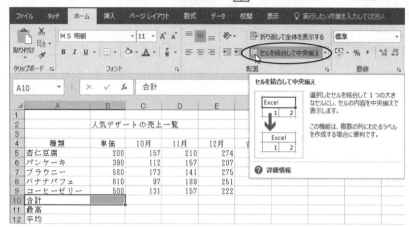(セルを結合して中央揃え) をクリックする。

❸　同様にして，セル (A11～B11)，セル (A12～B12) もセルを結合して中央揃えに設定する。

合計の求め方 (作成条件③)

●計算式の入力
❶　セル (F5) をクリック。
❷　＝を入力。
❸　「SUM(」を入力。
❹　セル (C5～E5) をドラッグ。
❺　「)」を入力。
❻　[Enter] を押す。
❼　計算結果が表示される。

●計算式の複写
❶　セル (F5) をクリック。
❷　オートフィル機能を使って，セル (F6～F9) に複写する。

売上金額の求め方 (作成条件④)

❶　セル (G5) をクリック。
❷　＝を入力。
❸　セル (B5) をクリック。
❹　「*」を入力。
❺　セル (F5) をクリック。
❻　[Enter] を押す。
❼　計算結果が表示される。
❽　オートフィル機能を使って，セル (G6～G9) に計算式を複写する。

備考（判定）の求め方（作成条件⑤）

❶ セル（H5）をクリック。

❷ ＝を入力。

❸ 「IF（」を入力。

❹ セル（G5）をクリック。

❺ 「<=200000,"」を入力。

❻ ［半角／全角］を押して，全角で「○」を入力。

❼ 再び［半角／全角］を押して，「","")」を入力。

❽ ［Enter］を押す。

❾ 判定結果が表示される。

❿ オートフィル機能を使って，セル（H6～H9）に計算式を複写する。

合計・最大値・平均の求め方（作成条件⑥・⑦・⑧）

❶ SUM関数とMAX関数，AVERAGE関数を使って入力する。

（入力例） セル（C10）の場合　　　＝SUM（C5:C9）

▲	A	B	C	D
1				
2		人気デザートの売上一覧		
3				
4	種類	単価	10月	11月
5	杏仁豆腐	200	157	210
6	パンケーキ	390	112	157
7	ブラウニー	580	173	141
8	バナナパフェ	610	97	189
9	コーヒーゼリー	500	131	157
10	合計		=SUM(C5:C9	
11	最高		SUM(数値1, [数値2], ...)	
12	平均			

❷ オートフィル機能を使って，セル（C10～C12）の計算式をセル（D10～E12）に複写する。

表示形式の変更（作成条件①）

❶ セル（G5～G9）をドラッグして，［ホーム］の , （桁区切りスタイル）をクリックする。

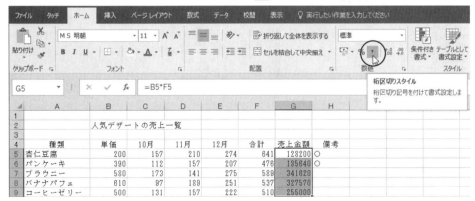

❷ セルE10も同様にして，コンマを付ける。

❸ セル（C12～E12）をドラッグして，［ホーム］の （小数点以下の表示桁数を増やす）や （小数点以下の表示桁数を減らす）をクリックすることで小数第1位までを表示させる。

データの並べ替えの手順（作成条件⑨）

❶ セル（A4〜H9）をドラッグし，［データ］の $\begin{smallmatrix}Z\\A\end{smallmatrix}\begin{smallmatrix}A\\Z\end{smallmatrix}$ （並べ替え）をクリックする。［並べ替え］のダイアログボックスで［最優先されるキー］に「合計」，［順序］に「大きい順」を選び， OK を押す。このとき，［先頭行をデータの見出しとして使用する］にチェックが入っていることを確認する。

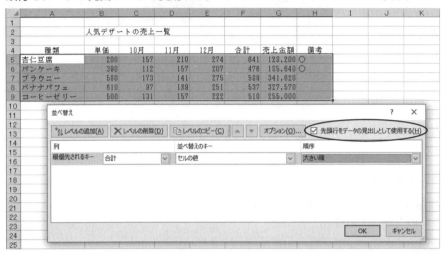

罫線の引き方（作成条件⑪）

❶ セル（A4〜H9）をドラッグし，Ctrl を押しながらセル（A10〜E12）をドラッグする。［ホーム］の［罫線］の▾をクリックし，罫線リストから ⊞（格子）を選択する。

❷ セル（A4〜H4）をドラッグし，［ホーム］の［罫線］の▾をクリックして罫線リストから ⊡（太い外枠）を選択する。

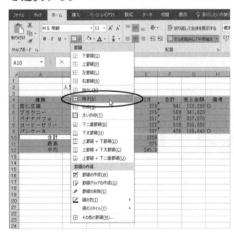 

❸ セル（A5〜H9）とセル（A10〜E12）も同様に太い外枠線を引く。

	A	B	C	D	E	F	G	H
1								
2		人気デザートの売上一覧						
3								
4	種類	単価	10月	11月	12月	合計	売上金額	備考
5	杏仁豆腐	200	157	210	274	641	128,200	○
6	ブラウニー	580	173	141	275	589	341,620	
7	バナナパフェ	610	97	189	251	537	327,570	
8	コーヒーゼリー	500	131	157	222	510	255,000	
9	パンケーキ	390	112	157	207	476	185,640	○
10	合計		870	854	1229			
11	最高		173	210	275			
12	平均		134.0	170.8	245.8			

グラフの作成（作成条件⑩）

❶ セル（A4～A9）をドラッグし，[Ctrl] を押しながらセル（C4～E9）をドラッグする。

	A	B	C	D	E	F	G	H
1								
2		人気デザートの売上一覧						
3								
4	種類	単価	10月	11月	12月	合計	売上金額	備考
5	杏仁豆腐	200	157	210	274	641	128,200	○
6	ブラウニー	580	173	141	275	589	341,620	
7	バナナパフェ	610	97	189	251	537	327,570	
8	コーヒーゼリー	500	131	157	222	510	255,000	
9	パンケーキ	390	112	157	207	476	185,640	○
10	合計		670	854	1229			
11	最高		173	210	275			
12	平均		134.0	170.8	245.8			

❷ ［挿入］→ 〰（折れ線／面グラフの挿入）-［2-D 折れ線］→ 〰（マーカー付き折れ線）をクリックすると，グラフが作成される。

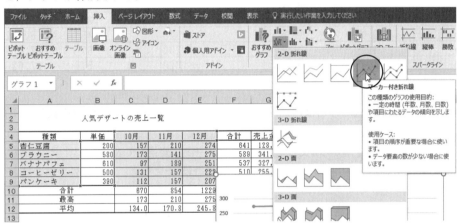

❸ ［グラフツール］の［デザイン］から， （行/列の切り替え）をクリックする。

❹ タイトルを入力し， ✚（グラフ要素）をクリックして，目盛線のチェックをはずす。

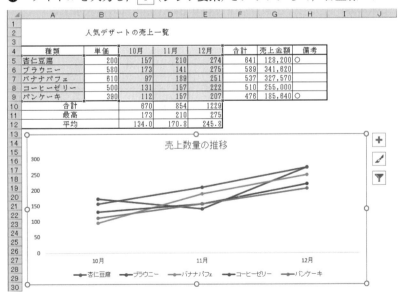

1 次の表は，あるたこ焼き店の販売数を集計した表である。作成条件にしたがって，各問いの答えを解答群から選び，記号で答えなさい。

	A	B	C	D	E	F
1						
2			たこ焼き店販売集計表			
3						
4	売上コード	日	商品名	単価	販売数	販売金額
5	0132a	1	たこ焼き	280	32	9,677
6	0158b	1	チーズたこ焼き	320	58	20,045
7	0219a	2	たこ焼き	280	19	5,746
8	0224b	2	チーズたこ焼き	320	24	8,295
9	0339a	3	たこ焼き	280	39	11,794
10	0345b	3	チーズたこ焼き	320	45	15,552
11	0457a	4	たこ焼き	280	57	17,237
12	0451b	4	チーズたこ焼き	320	51	17,626

作成条件

1. 「売上コード」は，左端から2けたは「日」を，左端から3けた目より2けたは「販売数」を，右端から1けたは，「商品コード」を示している。
2. 「日」は，「売上コード」の左端から2文字抽出し，数値データに変換して表示する。
3. 「商品名」は，「売上コード」の右端から1文字が a の場合は たこ焼き，それ以外の場合は チーズたこ焼き を表示する。
4. 「単価」は，「商品名」が たこ焼き の場合は 280，それ以外の場合は 320 を表示する。
5. 「販売数」は，「売上コード」の左端から3けた目より2文字抽出し，数値データに変換して表示する。
6. 「販売金額」は，次の式で求める。ただし，小数点以下を切り上げ，整数部のみ表示する。
   「単価 × 販売数 × 1.08」

問1 B5に設定する式を答えなさい。
問2 C5に設定する式を答えなさい。
問3 D5に設定する式を答えなさい。
問4 E5に設定する式を答えなさい。
問5 F5に設定する式を答えなさい。

問1		問2		問3	
問4		問5			

解答群

ア．=VALUE(LEFT(A5,2))   イ．=VALUE(LEFT(A5,1))

ウ．=IF(RIGHT(A5,1)="a","たこ焼き","チーズたこ焼き")

エ．=IF(RIGHT(A5,1)="a","チーズたこ焼き","たこ焼き")

オ．=IF(C5="チーズたこ焼き",280,320)   カ．=IF(C5="たこ焼き",280,320)

キ．=VALUE(MID(A5,2,3))   ク．=VALUE(MID(A5,3,2))

ケ．=ROUNDUP(D5*E5*1.08,0)   コ．=ROUND(D5*E5*1.08,0)

2 次の表は，ある地域のスキー場情報を示した表である。作成条件にしたがって，各問いの答えを解答群から選び，記号で答えなさい。

	A	B	C	D	E
1					
2			本日のゲレンデ情報		
3				2月8日	
4	スキー場名	天候	積雪コード	積雪（cm）	滑走可否
5	早苗スキー場	雪	◎◎◎◎◎◎◎◎◎◎	200	○
6	やぐらスキー場	くもり	◎◎◎◎◎◎◎◎◎◎◎	220	○
7	中山スキー場	くもり	◎◎◎◎◎◎◎	140	○
8	矢沢パークスキー場	くもり	◎◎◎◎	80	△
9	山原スキー場	雪	◎◎◎◎◎	100	○
10	四本杉スキー場	晴れ	◎◎◎	60	△
11	糸場ファミリーゲレンデ	晴れ	◎◎	40	×
12	RARA矢沢スキー場	くもり	◎◎◎◎◎◎◎◎◎	180	○
13			最大	220	
14			最小	40	
15			スキー場数	8	

作成条件

1. D3は，本日の日付を表示する。
2. 「積雪コード」は，◎1つで積雪が20cmを示している。
3. 「積雪（cm）」は，「積雪コード」の文字数を求め，20を乗じて求める。
4. 「滑走可否」は，「積雪（cm）が100以上の場合は ○，50以上の場合は △，それ以外の場合は × を表示する。
5. 「最大」は，「積雪（cm）」の最大値を求めて表示する。
6. 「最小」は，「積雪（cm）」の最小値を求めて表示する。
7. 「スキー場数」は，スキー場の件数を求めて表示する。

問1 D3に設定する式を答えなさい。
問2 D5に設定する式を答えなさい。
問3 E5に設定する式を答えなさい。
問4 D14に設定する式を答えなさい。
問5 D15に設定する式を答えなさい。

問1		問2		問3	
問4		問5			

解答群

ア．=VALUE(D5)

イ．=TODAY()

ウ．=LEN(C5)*20

エ．=COUNT(C5)*20

オ．=IF(D5>100,"○",IF(D5>50,"△","×"))

カ．=IF(D5>=100,"○",IF(D5>=50,"△","×"))

キ．=MAX(D5:D12)

ク．=MIN(D5:D12)

ケ．=COUNT(A5:A12)

コ．=COUNTA(A5:A12)

3 次の表は，ある世界大会における各国のメダル獲得数を示したものである。作成条件にしたがって，各問いの答えを解答群から選び，記号で答えなさい。

	A	B	C	D	E	F	G	H
1								
2		国別メダル獲得数						
3								
4	国名	金メダル	銀メダル	銅メダル	合計	割合	順位	判定
5	アメリカ	19	24	21	64	21.4%	2	A
6	日本	20	13	15	48	16.1%	1	A
7	中国	15	15	12	42	14.0%	3	B
8	ロシア	11	9	17	37	12.4%	5	B
9	フランス	12	8	14	34	11.4%	4	C
10	韓国	8	5	4	17	5.7%	6	C
11	ドイツ	4	4	6	14	4.7%	8	C
12	チェコ	4	5	4	13	4.3%	8	C
13	ブルガリア	5	4	2	11	3.7%	7	C
14	ウクライナ	3	3	4	10	3.3%	10	C
15	ベラルーシ	2	3	4	9	3.0%	11	C
16	合計	103	93	103	299			
17	最大	20	24	21	64			

作成条件

1. E列の「合計」は，各国のメダル獲得数の合計を求める。
2. 16行目の「合計」は，各列の合計を求める。
3. 「割合」は，次の式で求める。ただし，小数第3位未満を四捨五入し，%で小数第1位まで表示する。

　　　F5の場合　　「E5のアメリカの合計　÷　E16の全体の合計」

4. 「順位」は，「金メダル」を基準として降順に順位をつける。
5. 「判定」は，各国の合計が45以上の場合は A，35以上の場合は B，それ以外の場合は C を表示する。
6. 「最大」は，各列のアメリカ～ベラルーシの最大値を求める。

問1 E5に設定する式を答えなさい。
問2 F5に設定する式を答えなさい。
問3 G5に設定する式を答えなさい。
問4 H5に設定する式を答えなさい。
問5 B17に設定する式を答えなさい。

問1		問2		問3	
問4		問5			

解答群

ア．=SUM(B5:B15)　　　　　　　　　　イ．=SUM(B5:D5)

ウ．=ROUND(E5/$E$16,3)　　　　　　エ．=ROUNDDOWN(E5/$E$16,3)

オ．=ROUNDUP(E5/$E$16,3)　　　　　カ．=RANK(B5,$B$5:$B$15,1)

キ．=RANK(B5,$B$5:$B$15,0)　　　　ク．=IF(E5>=45,"A",IF(E5>=35,"B","C"))

ケ．=IF(E5>=45,"A",IF(E5>=35,"C","B"))　コ．=MIN(B5:B15)

サ．=MAX(B5:B15)　　　　　　　　　シ．=MAX(B5:B16)

4 次の表は，あるアイスクリーム店の売上を集計した表である。作成条件にしたがって，各問いの答えを解答群から選び，記号で答えなさい。

▲	A	B	C	D	E	F	G
1							
2		アイスクリーム売上一覧表					
3							
4	商品コード	商品名	種類コード	種類	単価	売上個数	売上金額
5	I150	牧場牛乳アイス	I	アイスクリーム	150	42	6,300
6	I120	いちごコーン	I	アイスクリーム	120	50	6,000
7	L130	シューアイス	L	ラクトアイス	130	38	4,940
8	H060	カリカリ君	H	氷菓	60	127	7,620
9	I100	カフェスティック	I	アイスクリーム	100	34	3,400
10	L140	ジェットもなか	L	ラクトアイス	140	82	11,480
11	I200	スーパーバニラ	I	アイスクリーム	200	61	12,200
12	H110	チョコバー	H	氷菓	110	73	8,030
13						平均	7,496.2

作成条件

1. 「商品コード」は，左端から1桁は「種類コード」を，右端から3桁は「単価」を示している。
2. 「種類コード」は，「商品コード」の左端から1文字抽出して表示する。
3. 「種類」は，「種類コード」が I ならば アイスクリーム，L ならば ラクトアイス，それ以外の場合は 氷菓 を表示する。
4. 「単価」は，「商品コード」の右端から3文字抽出し，数値データに変換して表示する。
5. 「売上金額」は，次の式で求める。

   「単価 × 売上個数」
6. 「平均」は，「売上金額」の平均を求める。ただし，小数第1位未満を切り捨て小数第1位まで表示する。

問1 C5に設定する式を答えなさい。
問2 D5に設定する式を答えなさい。
問3 E5に設定する式を答えなさい。
問4 G5に設定する式を答えなさい。
問5 G13に設定する式を答えなさい。

問1		問2		問3	
問4		問5			

解答群

ア．=LEFT(A5,1) イ．=RIGHT(A5,1)

ウ．=IF(C5="I"," アイスクリーム ",IF(C5="L"," ラクトアイス "," 氷菓 "))

エ．=IF(C5="I"," アイスクリーム ",IF(C5="H"," ラクトアイス "," 氷菓 "))

オ．=VALUE(RIGHT(A5,3)) カ．=VALUE(RIGHT(A5,4))

キ．=E5*F5 ク．=E5/F5

ケ．=ROUNDDOWN(AVERAGE(F5:G12),1) コ．=ROUNDDOWN(AVERAGE(G5:G12),1)

次の資料は，ある飲食店の8月の売上数である。資料と作成条件にしたがって，シート名「シート1」を作成しなさい。 （ファイル名：トレーニング5）

資料

商品別売上数（8月）

商品名	第1週	第2週	第3週	第4週
餃子	745	781	875	920
ラーメン	1,021	783	1,209	1,732
ビーフカレー	635	1,058	612	765
焼き鯖すし	440	457	589	590
ミックスピザ	298	263	329	340
ドリア	489	345	508	543
エビチリ	167	474	285	312
天ぷら	329	206	309	276

作成条件

ワークシートは，提供されたものを使用する。

1. 表およびグラフの体裁は，右ページを参考にして設定する。

  > 設定する書式：罫線，セル内の配置
  > 設定する数値の表示形式：3桁ごとのコンマ，小数の表示桁数

2. 表の※印の部分は，式や関数を利用して求める。また，※※印の部分は，資料より必要な値を入力する。

3. グラフの※印の部分は，表に入力された値をもとに表示する。

4. 「1．売上数一覧表」は，次のように作成する。

  (1)「種類コード」は，「商品コード」の右端から1文字を抽出する。

  (2)「種類」は，「種類コード」Cの場合は中華を表示し，Yの場合は洋食を表示し，それ以外の場合は和食を表示する。

  (3)「合計」は，「第1週」から「第4週」の合計を求める。

  (4)「平均」は，「第1週」から「第4週」の平均を求める。ただし，小数第1位未満を切り捨てる。

5. 集合縦棒グラフは，「1．売上数一覧表」から作成する。

  (1)数値軸の目盛は，最小値(0)，最大値(2,000)および間隔(500)を設定する。

  (2)データラベルを設定する。

6. 「2．売上金額一覧表」は，次のように作成する。

  (1)「単価」は，「商品コード」の左端から3文字を抽出し，数値データに変換する。

  (2)「第1週」から「第4週」は，「単価」に「1．売上数一覧表」の売上数を掛けて求める。

  (3)「最小売上」は，「第1週」～「第4週」の最小値を求める。

  (4)「最大売上」は，「第1週」～「第4週」の最大値を求める。

  (5)「順位」は，「最大売上」を基準として降順に順位を求める。

7. 折れ線グラフは，「2．売上金額一覧表」から作成する。

  (1)数値軸の目盛は，最小値(200,000)，最大値(1,200,000)，および間隔(200,000)を設定する。

  (2)軸ラベルの方向を設定する。

  (3)データラベルを設定する。

8月における主要商品売上一覧表

1．売上数一覧表

商品コード	商品名	種類コード	種類	第1週	第2週	第3週	第4週	合計	平均
350C	餃子	※	※	745	781	875	920	※	※
600C	ラーメン	※	※	1,021	783	1,209	1,732	※	※
650Y	ビーフカレー	※	※	635	1,058	612	765	※	※
670W	焼き鯖すし	※	※	440	457	589	590	※	※
800Y	ミックスピザ	※	※	298	263	329	340	※	※
850Y	ドリア	※	※	※※	※※	※※	※※	※	※
950C	エビチリ	※	※	※※	※※	※※	※※	※	※
980W	天ぷら	※	※	※※	※※	※※	※※	※	※

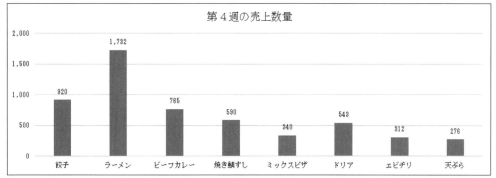

2．売上金額一覧表

商品コード	商品名	単価	第1週	第2週	第3週	第4週	最小売上	最大売上	順位
350C	餃子	※	※	※	※	※	※	※	※
600C	ラーメン	※	※	※	※	※	※	※	※
650Y	ビーフカレー	※	※	※	※	※	※	※	※
670W	焼き鯖すし	※	※	※	※	※	※	※	※
800Y	ミックスピザ	※	※	※	※	※	※	※	※
850Y	ドリア	※	※	※	※	※	※	※	※
950C	エビチリ	※	※	※	※	※	※	※	※
980W	天ぷら	※	※	※	※	※	※	※	※

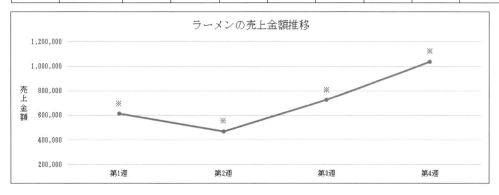

（シート1）

6 次の資料は，10月から3月のマグロの月間水揚げ量（生鮮・冷凍別）である。資料と作成条件にしたがって，シート名「シート1」を作成しなさい。　　　　　　　　　　　　（ファイル名：トレーニング6）

資料

月間水揚げ量（生鮮）　　　　　　　　　　　　　　　　　　　　　　　　　　　単位：トン

	10月	11月	12月	1月	2月	3月
本マグロ	164	60	62	165	93	82
ビンナガ	498	1,106	1,685	2,266	2,917	2,808
めばち	480	831	635	294	179	199
キハダ	306	472	248	350	614	649

月間水揚げ量（冷凍）　　　　　　　　　　　　　　　　　　　　　　　　　　　単位：トン

	10月	11月	12月	1月	2月	3月
本マグロ	594	123	363	453	325	281
ビンナガ	393	282	669	481	390	452
めばち	1,527	989	1,879	1,357	1,754	1,735
キハダ	1,213	2,696	1,521	396	982	766

作成条件

ワークシートは，提供されたものを使用する。

1. 表およびグラフの体裁は，右ページを参考にして設定する。

   ┌ 設 定 す る 書 式：罫線
   └ 設定する数値の表示形式：3桁ごとのコンマ，％，小数の表示桁数

2. 表の※印の部分は，式や関数を利用して求める。また，※※印の部分は，資料より必要な値を入力する。

3. グラフの※印の部分は，表に入力された値をもとに表示する。

4. 「1．マグロ種類別月間水揚げ量」は，次のように作成する。

   (1)「合計」は，「10月」から「3月」の合計を求める。

   (2)「平均」は，「10月」から「3月」の平均を求める。ただし，整数部のみ表示する。

   (3)「生鮮合計」は，次の式で求める。

   　　　「本マグロの生鮮　＋　ビンナガの生鮮　＋　めばちの生鮮　＋　キハダの生鮮」

   (4)「冷凍合計」は，次の式で求める。

   　　　「本マグロの冷凍　＋　ビンナガの冷凍　＋　めばちの冷凍　＋　キハダの冷凍」

   (5)「備考」は，「生鮮合計」が「冷凍合計」以上の場合，○　を表示し，それ以外の場合，何も表示しない。

5. 折れ線グラフは，「1．マグロ種類別月間水揚げ量」から作成する。

   (1)数値軸の目盛は，最小値（50），最大値（650），および間隔（150）を設定する。

   (2)軸ラベルの方向を設定する。

   (3)凡例の位置を設定する。

6. 「2．3月の漁港別マグロ水揚げ量」は，次のように作成する。

   (1)「生鮮・冷凍合計」は，「生鮮水揚げ量」と「冷凍水揚げ量」の合計を求める。

   (2)「合計」は，各列の合計を求める。

   (3)「最大」は，「焼津」から「勝浦（和歌山）」の最大を求める。

   (4)「最小」は，「焼津」から「勝浦（和歌山）」の最小を求める。

   (5)「取り扱い漁港数」は，「焼津」から「勝浦（和歌山）」の数値データの件数を求める。

(6)「割合」は，次の式で求める。ただし，小数第3位未満を切り捨て，%で小数第1位まで表示する。

「各漁港の生鮮・冷凍合計　÷　生鮮・冷凍合計」

(7)表の作成後，31～35行目のデータを「生鮮・冷凍合計」を基準として，降順に並べ替える。

7．集合縦棒グラフは「2．3月の漁港別マグロ水揚げ量」から作成する。

(1)数値軸の目盛は，最小値(0)，最大値(2,000)，および間隔(500)を設定する。

(2)軸ラベルの方向を設定する。

(3)データラベルを設定する。

マグロ水揚げ量の推移

1．マグロ種類別月間水揚げ量　　　　　　　　　　　　　　　　　　　　　　　単位：トン

種類	区分	10月	11月	12月	1月	2月	3月	合計	平均
本マグロ	生鮮	164	60	62	※※	93	82	※	※
本マグロ	冷凍	594	※※	363	453	325	281	※	357
ビンナガ	生鮮	498	1,106	1,685	2,266	2,917	2,808	※	※
ビンナガ	冷凍	393	282	669	481	390	452	※	※
めばち	生鮮	480	831	635	294	※※	199	※	※
めばち	冷凍	1,527	※※	1,879	1,357	1,754	1,735	※	※
キハダ	生鮮	306	472	248	※※	614	649	2,639	※
キハダ	冷凍	1,213	2,696	1,521	396	982	※※	※	※
	生鮮合計	1,448	※	※	※	※	※		
	冷凍合計	3,727	※	※	※	※	※		
	備考	※	※	※	※	○	※		

2．3月の漁港別マグロ水揚げ量　　　　単位：トン

漁港名	生鮮水揚げ量	冷凍水揚げ量	生鮮・冷凍合計	割合
焼津	0	1,475	1,475	21.1%
清水	なし	824	※	※
銚子	651	なし	※	※
三崎	10	561	※	※
勝浦（和歌山）	1,633	なし	※	※
その他	1,444	374	※	※
合計	※	※	※	
最大	※	1,475	※	
最小	0	※	※	
取り扱い漁港数	※	※		

（シート1）

7 次の資料は，2月の新エネルギー発電量と地域別新エネルギー発電量である。資料と作成条件にしたがって，シート名「シート1」を作成しなさい。　　　　　　　　　（ファイル名：トレーニング7）

資料

新エネルギー発電量（2月）　　　　　　　　　　　　単位：kW

種類	最大出力	発電量
風力発電	3,795,009	905,656
太陽光発電	12,171,626	1,296,524
地熱発電	468,890	170,243
バイオマス発電	2,817,753	1,595,755
廃棄物発電	986,350	289,329

地域別新エネルギー発電量（2月）　　　　　　　　　　　　　　　　　　　　　単位：kW

地域	風力発電	太陽光発電	地熱発電	バイオマス発電	廃棄物発電
北海道	120,543	76,558	8,325	150,240	28,715
東北	410,330	217,004	62,968	287,578	30,278
関東	18,180	277,574	0	213,156	96,198
中部	81,998	127,188	0	227,356	37,861
近畿	79,667	175,565	0	114,730	29,988
中国	58,067	150,391	0	175,363	17,866
四国	45,008	38,986	0	162,701	27,408
九州・沖縄	91,859	233,258	98,950	264,628	21,014

作成条件

ワークシートは，提供されたものを使用する。

1. 表およびグラフの体裁は，右のページを参考にして設定する。

$$\left(\begin{array}{l} \text{設　定　す　る　書　式：罫線} \\ \text{設定する数値の表示形式：3桁ごとのコンマ，％，小数の表示桁数} \end{array}\right)$$

2. 表の※印の部分は，式や関数を利用して求める。また，※※印の部分は，資料より必要な値を入力する。

3. グラフの※印の部分は，表に入力された値をもとに表示する。

4. 「1．新エネルギー種類別発電量」は，次のように作成する。

　(1)「合計」は，各列の合計を求める。

　(2)「平均」は，各列の平均を求める。ただし，小数第1位未満を四捨五入し，小数第1位まで表示する。

　(3)「使用率」は，次の式で求める。ただし，小数第3位未満を切り上げ，％で小数第1位まで表示する。

　　　　　「発電量　÷　最大出力」

　(4)「1カ所あたりの発電量」は，次の式で求める。ただし，整数未満を切り捨て表示する。

　　　　　「発電量　÷　発電所数」

　(5)「備考」は，「使用率」が50％以上の場合，○ を，25％以上から50％未満の場合，△ を，それ以外の場合，何も表示しない。

　(6)表の作成後，6～10行目のデータを「発電量」を基準として，降順に並び替える。

5. 円グラフは，「1．新エネルギー種類別発電量」から作成する。

　(1)データラベルを設定し，割合を％で小数第1位まで表示する。

　(2)「バイオマス発電」を切り離す。

6. 「2．地域別発電量」は，次のように作成する。
   (1)「合計」は，「風力発電」から「廃棄物発電」の合計を求める。
   (2)「順位」は，「合計」を基準として，降順に順位を求める。
7. 100%積み上げ横棒グラフは，「2．地域別発電量」から作成する。
   (1)数値軸の目盛は，最小値(0)，最大値(100%)，および間隔(25%)を設定する。
   (2)軸ラベルの方向を設定する。
   (3)凡例の位置を設定する。

1．新エネルギー種類別発電量　　　　　　　　　　　　　　　　　　　　　　　　　　単位：kW

種類	発電所数	最大出力	発電量	使用率	1カ所あたりの発電量	備考
風力発電	344	3,795,009	905,656	23.9%	※	※
太陽光発電	2,775	12,171,626	1,296,524	※	※	※
地熱発電	16	468,890	170,243	※	※	※
バイオマス発電	85	※※	※※	※	※	※
廃棄物発電	62	※※	※※	※	※	※
合計	※	※	※			
平均	※	※	※			

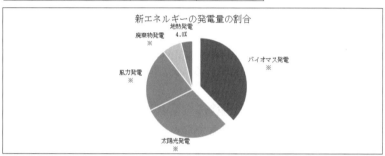

2．地域別発電量　　　　　　　　　　　　　　　　　　　　　　　　　　　　　　　単位：kW

地域	風力発電	太陽光発電	地熱発電	バイオマス発電	廃棄物発電	合計	順位
北海道	120,543	76,558	8,325	150,240	28,715	※	※
東北	410,330	217,004	62,968	287,578	30,278	※	※
関東	18,180	277,574	0	※※	96,198	※	※
中部	81,998	127,188	0	※※	37,861	※	※
近畿	※※	175,565	0	114,730	29,988	※	※
中国	※※	150,391	0	175,363	17,866	※	※
四国	45,008	※※	0	162,701	27,408	※	※
九州・沖縄	91,859	※※	98,950	264,628	21,014	※	※

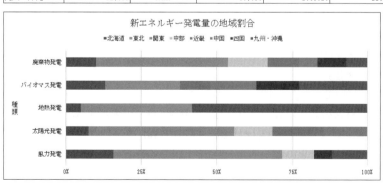

8 次の資料は，ある精肉店の本日の販売実績と，２ヶ月分の売上金額の累計である。資料と作成条件にしたがって，シート名「シート１」を作成しなさい。 （ファイル名：トレーニング８）

資料

本日の販売実績 単位：個

販売コード	種類・部位	販売数量
A1250	豚バラ	482
B2300	牛コマ	504
A2500	牛モツ	438
B1150	豚肩ロース	926
A1100	牛テール	823

売上金額累計（２ヶ月分） 単位：円

店舗名	東京店	千葉店	埼玉店	神奈川店	群馬店
新規件数	18	51	50	17	97
継続件数	70	23	18	87	90
売上金額	215,609	443,494	437,022	969,432	673,011

作成条件

ワークシートは，提供されたものを使用する。

1. 表およびグラフの体裁は，右ページを参考にして設定する。

   (設 定 す る 書 式：罫線)
   (設定する数値の表示形式：３桁ごとのコンマ，小数の表示桁数)

2. 表の※印の部分は，式や関数を利用して求める。また，※※印の部分は，資料より必要な値を入力する。

3. グラフの※印の部分は，表に入力された値をもとに表示する。

4. １行目の「本日の日付」は，今日の日付を関数で求める。

5. 「１．本日の販売実績」は，次のように作成する。

   (1)「温度区分」は，「販売コード」の左端から１文字を抽出し，Ａの場合，冷凍 を表示し，それ以外の場合，冷蔵 を表示する。

   (2)「販売区分コード」は，「販売コード」の左端から２文字目から１文字を抽出し，数値に変換する。

   (3)「販売区分」は，「販売区分コード」が１の場合，新規 を表示し，それ以外の場合，継続 を表示する。

   (4)「売上金額」は，「販売コード」の右端から３文字を抽出し，数値に変換したものに，「販売数量」を掛けて求める。

6. 集合縦棒グラフは，「１．本日の販売実績」から作成する。

   (1)数値軸の目盛は，最小値（50,000），最大値（250,000），および間隔（40,000）を設定する。

   (2)軸ラベルの方向を設定する。

   (3)データラベルを設定する。

7. 「２．売上金額累計（２ヶ月分）」は，次のように作成する。

   (1)「平均売上金額」は次の式で求める。ただし，小数第１位まで表示する。

   「売上金額」 ÷ 「新規件数」と「継続件数」の合計

   (2)「合計」は，各列の合計を求める。

   (3)「割合（％）」は，次の式で求める。ただし，整数未満を四捨五入し，整数で表示する。

   「各店舗の売上金額」 ÷ 「売上金額の合計」 × 100

8. 積み上げ横棒グラフは，「２．売上金額累計（２ヶ月分）」から作成する。

(1)数値軸の目盛は，最小値(0)，最大値(200)，および間隔(25)を設定する。

(2)軸ラベルの方向を設定する。

(3)凡例の位置を設定する。

(4)データラベルを設定する。

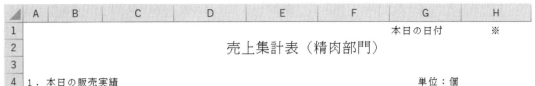

	A	B	C	D	E	F	G	H

売上集計表（精肉部門）

1．本日の販売実績　　　　　　　　　　　　　　　　　　　　　　単位：個

販売コード	温度区分	販売区分コード	販売区分	種類・部位	販売数量	売上金額
A1250	冷凍	1	新規	※※	482	120,500
B2300	※	※	※	牛コマ	504	※
A2500	※	※	※	※※	438	※
B1150	※	※	※	豚肩ロース	※※	※
A1100	※	※	※	牛テール	823	※

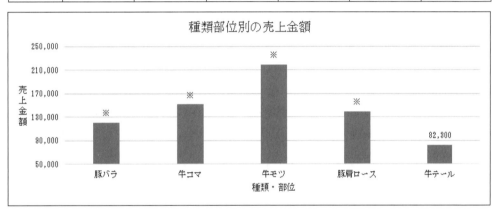

2．売上金額累計（2ヶ月分）　　　　　　　　　　　　　　　　単位：円

店舗名	新規件数	継続件数	売上金額	平均売上金額	割合(％)
東京店	18	70	215,609	2,450.1	8
千葉店	51	23	※※	※	※
埼玉店	※※	※※	※※	※	※
神奈川店	※※	※※	※※	※	※
群馬店	97	90	※※	※	※
合計	※	※	※	※	

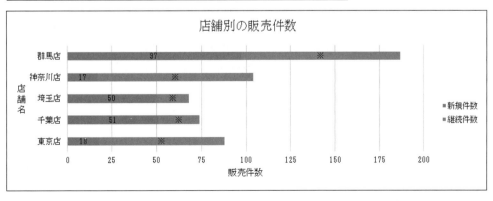

（シート1）

9 次の資料は，時間帯別の売れ筋商品の売上数と各部門の売上目標金額である。資料と作成条件にしたがって，シート名「シート1」を作成しなさい。 （ファイル名：トレーニング9）

資料

10:00時点	単位：個
商品名	売上数
パワー玉子	65
超小粒納豆	28
うまい牛乳	13
＜欠品＞	
とろチーズ　絹婦人	

12:00時点	単位：個
商品名	売上数
うまい牛乳	35
絹婦人	35
パワー玉子	32
超小粒納豆	20
＜欠品＞とろチーズ	

14:00時点	単位：個
商品名	売上数
絹夫人	63
パワー玉子	49
超小粒納豆	30
とろチーズ	27
＜欠品＞うまい牛乳	

16:00時点	単位：個
商品名	売上数
うまい牛乳	121
絹夫人	112
超小粒納豆	72
パワー玉子	40
とろチーズ	35

18:00時点	単位：個
商品名	売上数
うまい牛乳	80
パワー玉子	60
超小粒納豆	53
とろチーズ	23
＜欠品＞絹夫人	

20:00時点	単位：個
商品名	売上数
パワー玉子	30
超小粒納豆	15
とろチーズ	12
＜欠品＞	
うまい牛乳　絹夫人	

部門別目標売上高	単位：円
部門	目標金額
青果	250,000
精肉	200,000
鮮魚	180,000
日配	300,000
グロサリー	200,000

作成条件

ワークシートは，提供されたものを使用する。

1. 表およびグラフの体裁は，右ページを参考にして設定する。

   ⎛設 定 す る 書 式：罫線の種類　　　　　　　　　　　　　　　　⎞
   ⎝設定する数値の表示形式：3桁ごとのコンマ，％，小数の表示桁数⎠

2. 表の※印の部分は，式や関数を利用して求める。また，※※印の部分は，資料より必要な値を入力する。

3. グラフの※印の部分は，表に入力された値をもとに表示する。

4. 「1．時間帯別売れ筋商品売上数」は，次のように作成する。

   (1)「合計」は，「10:00」から「20:00」の合計を求める。

   (2)「時間帯合計」は，各列の合計を求める。

   (3)「時間帯平均」は，各列の平均を求める。ただし，小数第1位未満を切り捨て，小数第1位まで表示する。

   (4)「割合（％）」は，次の式で求める。ただし，小数第1位未満を四捨五入し，小数第1位まで表示する。

   「合計」 ÷ 「合計の時間帯合計」×100

   (5)「欠品時間帯数」は，次の式で求める。

   「10:00から20:00の値の入力されているセルの件数」

   − 「10:00から20:00の数値データのセルの件数」

5. 円グラフは，「1．時間帯別売れ筋商品売上数」から作成する。

   (1)データラベルを設定し，割合を％で小数第1位まで表示する。

   (2)「パワー玉子」を切り離す。

6. 「2．部門別目標達成率」は，次のように作成する。

   (1)「最大」は，各列の最大値を求める。

   (2)「最小」は，各列の最小値を求める。

   (3)「達成率」は，次の式で求める。ただし，小数第3位未満を切り上げ，％で小数第1位まで表示する。

   「売上金額」 ÷ 「目標金額」

(4)「備考」は，「達成率」が100％以上の場合，○を表示し，それ以外の場合は何も表示しない。

(5)表の作成後，28〜32行目のデータを「売上金額」を基準として，昇順に並べ替える。

7. レーダチャートは，「2．部門別目標達成率」から作成する。

(1)数値軸の目盛は，最小値（100,000），最大値（400,000），および間隔（100,000）を設定する。

(2)凡例の位置を設定する。

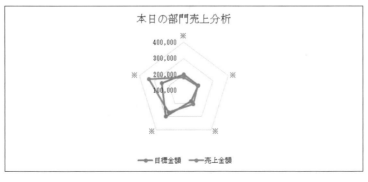

	A	B	C	D	E	F	G	H	I	J	K
1											
2				スーパーマーケット売上報告書（日報）							
3											
4		1．時間帯別売れ筋商品売上数						単位：個			
5		商品名	10:00	12:00	14:00	16:00	18:00	20:00	合計	割合（％）	欠品時間帯数
6		うまい牛乳	13	35	欠品	121	80	欠品	249	23.7	2
7		超小粒納豆	※※	20	30	※※	53	※※	※	※	※
8		とろチーズ	欠品	欠品	27	35	※※	12	※	※	※
9		絹夫人	欠品	35	※※	112	欠品	欠品	※	※	※
10		パワー玉子	65	32	49	40	60	30	※	※	※
11		時間帯合計	106	※	※	※	※	※	※		
12		時間帯平均	35.3	※	※	※	※	※	※		
13											
14				商品別売上数割合							
26		2．部門別目標達成率					単位：円				
27		部門	目標金額	売上金額	達成率	備考					
28		青果	250,000	336,123	134.5%	○					
29		精肉	200,000	194,573	※	※					
30		鮮魚	180,000	203,707	※	※					
31		日配	※※	285,832	※	※					
32		グロサリー	※※	181,002	※	※					
33		最大	※	※							
34		最小	※	※							

Part III 知識 編

Lesson 1 ハードウェア・ソフトウェア

1 ハードウェアの構成

コンピュータを構成している装置や部品のことを**ハードウェア**という。コンピュータは，入力，出力，記憶，制御，演算の5つの機能を持った五大装置から構成されている。

▼機能と装置

機能	装置		
入力機能 命令やデータを読み込む	入力装置 キーボード，マウス，タッチパネル，イメージスキャナ，バーコードリーダなど		周辺装置
出力機能 処理した結果を表示したり印字したりする	出力装置 ディスプレイ，プリンタ，プロジェクタなど		周辺装置
記憶機能 読み込んだ命令やデータを記録し蓄える	記憶装置	補助記憶装置 ハードディスク，SSD，DVD，ブルーレイ，フラッシュメモリ　など	周辺装置
記憶機能 読み込んだ命令やデータを記録し蓄える	記憶装置	主記憶装置 ROM，RAM	処理装置
制御機能 各装置が効率よく動作するようにコントロールする	制御装置	CPU （中央処理装置）	処理装置
演算機能 命令やデータにしたがって計算や比較判断をする	演算装置	CPU （中央処理装置）	処理装置

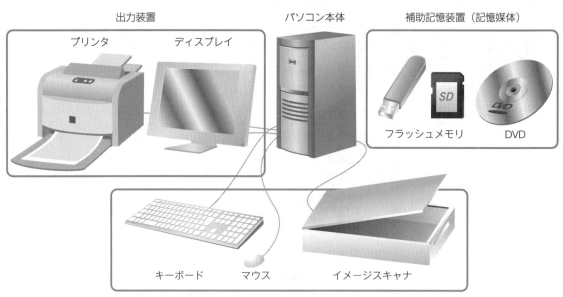

出力装置　　　　　　　　　　パソコン本体　　　　補助記憶装置（記憶媒体）

プリンタ　　　ディスプレイ

フラッシュメモリ　　　DVD

キーボード　　マウス　　　イメージスキャナ

入力装置

▲コンピュータの基本的な構成

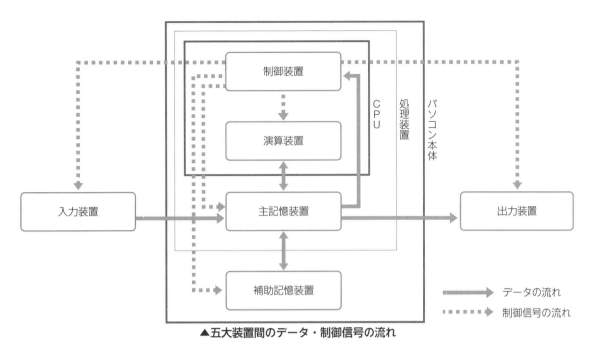

▲五大装置間のデータ・制御信号の流れ

・**集積回路**…………　複数の電子回路をまとめて1つの部品として構成したもの。数ミリ角の半導体基板上に電子回路が多数埋め込まれている。CPUやROM，RAMをはじめ，コンピュータの装置の多くは，半導体を使った集積回路で作られている。

▼**集積回路の種類**

名称	英語表記	日本語表記	埋め込まれた電子回路の数
IC	Integrated Circuit	集積回路	1,000個程度
LSI	Large Scale IC	大規模集積回路	1,000個から10万個程度
VLSI	Very Large Scale IC	超大規模集積回路	10万個から1,000万個程度
ULSI	Ultra Large Scale IC	超々大規模集積回路	1,000万個を超える

▲集積回路

▲基板に装着された集積回路

- **ROM（Read Only Memory）**……… 　データの読み出し専用のメモリで，電源を切っても記憶内容が消えない性質（不揮発性）がある。コンピュータを起動させたとき，コンピュータ本体と周辺装置のやり取りを制御するBIOS（バイオス）などのように，書き換えられては困る基本的なソフトウェアはROMに記憶されている。ROMの内容は，通常，メーカーで製造時に書き込まれる。

- **RAM（Random Access Memory）**……… 　データの読み出しと書き込みができるメモリで，電源を切ると記憶内容は消えてしまう性質（揮発性）がある。コンピュータの処理に必要なプログラムやデータはRAMに記憶させる。扱うデータ量が多くなった場合は，増設することもできる。

- **CPU（Central Processing Unit：中央処理装置）**……… 　制御装置と演算装置から構成される装置。コンピュータの頭脳にあたる。CPUは，小さく薄いシリコン基板に1億を超える回路から構成されている。CPUの裏面には，マザーボードに接続するための数百の端子（ピン）が並んでいる。

- **制御装置**………… 　記憶装置の命令を取り出して解読し，各装置が効率よく動作するように指示を送る装置。

- **演算装置**………… 　記憶装置から読み込んだデータを用いて，四則演算や比較判断などを行う装置。

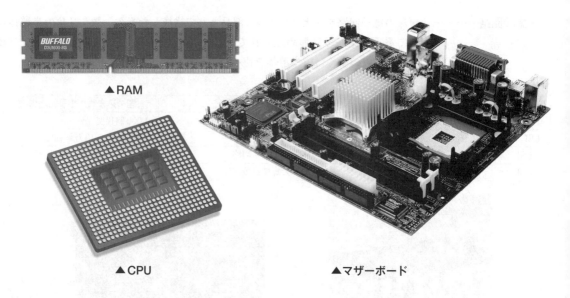

▲RAM

▲CPU　　　　　　　　　　　　　▲マザーボード

参考 **マザーボード**———

　パソコン本体にある，CPUやROM，RAMなどのパソコンの主要な電子部品を搭載したプリント基板。コンピュータに必要な機器はすべてマザーボードを通して取り付けられる。メインボードともいう。

⑴記憶装置

❶主記憶装置……… 　コンピュータ本体に組み込まれて，CPUから直接読み書きできる記憶装置。メモリ，メインメモリと呼ばれる。データの読み出し専用の ROMと，データの読み出しと書き込みができるRAMがある。

❷補助記憶装置…… 　CPUから直接読み書きできないが，電源を切っても記憶された内容が消えない記憶装置の総称。コンピュータの電源を切ると，主記憶装置のRAMの記憶内容は消えてしまう。このため，OSやアプリケーションソフトウェアなどのプログラムは，電源を切っても消去されないように，ハードディスク装置などの補助記憶装置に保存する。そうすることで，次回以降，本体に電源を入れるとこれらのプログラムは補助記憶装置から主記憶装置に読み込まれ，CPUによって処理を行うことができる。また，アプリケーションソフトウェアで作成したファイルも，電源を切る前に補助記憶装置に記憶させることで，その後も継続して作業を続けることができる。

・ハードディスク (hard disk) ……… 　磁性材料を塗った金属製の円盤（プラッタ）を複数枚重ねたもの。直径3.5インチと2.5インチがある。ハードディスクを用いてデータを読み書きする装置をハードディスク装置（HDD：Hard Disk Drive）という。HDDのハードディスクは，他の部品と一体化しているので取り外すことはできない。価格も比較的安く，大量のデータを記憶することができるので，ほとんどのパソコン本体にあらかじめ組み込まれている。

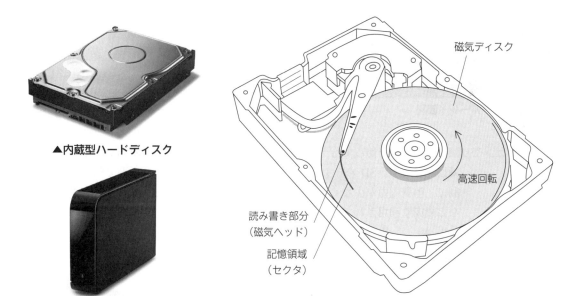

▲内蔵型ハードディスク

▲外付け型ハードディスク

磁気ディスク

高速回転

読み書き部分
（磁気ヘッド）

記憶領域
（セクタ）

▲ハードディスク装置のしくみ

参考　処理装置と周辺装置

　コンピュータの中心部分であるCPU（制御装置と演算装置）とメモリ（主記憶装置）を**処理装置**という。また，処理装置以外の入力装置や出力装置，補助記憶装置などを**周辺装置**という。

- **SSD（Solid State Drive）**……… 大容量の半導体メモリを用いた補助記憶装置。高速でデータの読み書きすることができる。ハードディスク装置（HDD）や光ディスク装置などにあるディスクを回転させる駆動部分を持たないため，軽量かつ小型で，消費電力も少なく，耐衝撃性にも優れている。モバイル型やタブレット型のパソコンで利用されている。

- **DVD（Digital Versatile Disk）**……… 波長が650nm（ナノメートル）の赤色のレーザ光を利用してデータを読み書きする光ディスク。直径12cmのディスクに薄い膜の記録層が1層または2層貼り付けてある。標準的な片面1層式には4.7GB記録することができる。再生専用型のDVD-ROM，追記型のDVD-R，書き換え型のDVD-RW，DVD-RAMなどがある。おもに画像，映像の記録に用いられる。

- **ブルーレイ（BD：Blu-ray Disc）**……… 波長が405nmの青紫色のレーザ光でデータを読み書きする光ディスク。赤色のレーザ光を使ったDVDよりも波長が短く，約5倍以上のデータを記録することができる。直径12cmのディスクへ1～4層に記録することができ，1層式25GB，2層式50GB，3層式100GB，4層式128GBの記憶容量がある。追記型のBD-R，書き換え型のBD-REがある。おもに高画質・高音質の映像の記録に用いられる。

▲ブルーレイ装置

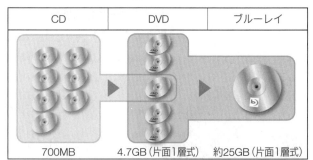

▲CDとDVDとブルーレイの記憶容量

- **フラッシュメモリ**……… 電源を切ってもデータが消えない不揮発性の半導体を用いて読み書きする補助記憶装置。SDメモリカードやUSBメモリなどがある。小型で軽量，携帯に便利で，消費電力が少なく，ノートパソコンをはじめ，携帯電話やディジタルカメラなどで広く利用されている。

▲フラッシュメモリの例

⑵入力装置

・**タッチパネル**……　ディスプレイ上に表示されたマークやボタンを指やペンで触れることにより，データを入力する装置。タブレット端末をはじめ，金融機関のATM（現金自動預払機）や駅の券売機，スマートフォンやゲーム機などで広く用いられている。

・**イメージスキャナ**………　写真や絵，印刷物などの画像を光学的に読み取り，ディジタルデータとして入力する装置。画像を細かい点（ドット）の集まりとして処理する。なお，点の細かさを解像度といい，dpi（ドット・パー・インチ）という単位で表す。dpiの値が大きい（解像度が高い）ほど画像をきれいに読み取ることができる。

・**バーコードリーダ**………　商品などに貼付されたり，パッケージに印刷されているバーコードを，光学的に読み取る装置。商品のバーコードには，国名，メーカー名，商品名のデータが記録されている。バーコードリーダにより入力されたデータは，POSシステムにより，販売管理などに利用されている。また，図書館や病院などでも図書や個人のデータ管理に利用されている。

▲タッチパネル

▲イメージスキャナ

▲バーコードリーダ

⑶出力装置

- **インクジェットプリンタ**……… 　細いノズルからインクを紙に噴射して印刷するプリンタ。通常，色料の3原色に黒を加えた，CMYK（シアン，マゼンタ，イエロー，ブラック）の4色のインクを用いて印刷する。おもに家庭用のプリンタとして使われている。

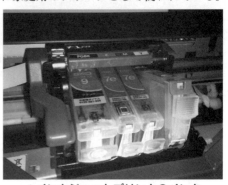

▲インクジェットプリンタ　　　　　　　▲インクジェットプリンタのインク

- **レーザプリンタ**… 　レーザ光と静電気を使って，トナーと呼ばれる粉を紙に転写して印刷するプリンタ。コピー機と同じ原理で，印刷データを1ページ単位でプリンタのメモリに記憶させて印刷するので，ページプリンタともいう。印刷音が静かで，高速に高品質な印刷ができるので，ビジネス用のプリンタとして広く使われている。

▲レーザプリンタ

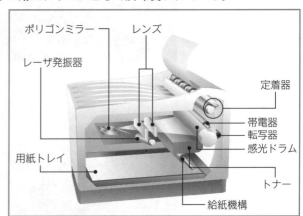

- **プロジェクタ**…… 　パソコンの画面やDVDの映像などをスクリーンや壁などに投影する装置。プレゼンテーションなど，ビジネスで広く利用されている。

▲プロジェクタ

⑷インタフェース

　コンピュータ本体と周辺装置を接続して，データをやりとりするための規格。パソコンでは，用途に合わせて国際的に規格化されており，さまざまな周辺装置を組み合わせて利用することができる。

- **USB**（Universal Serial Bus）……… キーボードやマウスなどの周辺装置とパソコンを結ぶシリアルインタフェース規格。1つの受け口（ポート）で，最大127台の機器を接続することができる。また，電源を切らずに接続の抜き差しができるホットプラグ機能がある。

- **HDMI**（High-Definition Multimedia Interface：**高精細度マルチメディアインタフェース**）………
  テレビなどのディジタル家電やAV機器で使われる映像や音声の入出力用のインタフェース規格。映像・音声・制御信号を1本のケーブルで合わせて送受信することができる。

▲USBケーブル　　　　　　　　　　▲HDMIケーブル

- **Bluetooth**……… 電波を利用して，数mから数十m程度の近距離間でのデータ交換に利用されるインタフェース規格。機器間に障害物があってもデータを送受信することができる。キーボードやマウスなどのほか，メディアプレーヤから音楽データをイヤホン等で聞く際にも使われている。

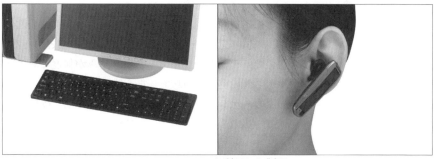

▲Bluetoothを利用した製品

問1 次の文の（ 1 ）から（ 5 ）にあてはまる適切な語を書きなさい。

　コンピュータには，私たち人間が問題を処理するときの身体の各部分と同じ機能を持つ五大装置と呼ばれる装置がある。

　問題を処理するとき，まずはじめに，処理すべき内容と手順，必要な情報を頭の中に入れなければならない。このときの人間でいえば目や耳などにあたるものを（ 1 ）装置という。そして，次にそれらを頭の中で覚えなければならない。人間の脳にあたるものを（ 2 ）装置という。次に，手順にそって，頭の中で，情報を用いて計算したり，比較や判断をする。このときの人間の脳にあたるものを（ 3 ）装置という。そして，処理した結果を再び頭の中で覚えて，口や手を使って相手に伝える。このときの口や手などにあたるものを（ 4 ）装置という。また，これらの一連の動作をスムーズに行うために，身体の各部分の動作を統制する，人間でいえば神経にあたるようなものを（ 5 ）装置という。

(1)		(2)		(3)		(4)		(5)	

問2 次のA群の語句に最も関係の深い説明文をB群から選び，記号で答えなさい。

A群	B群
1. 集積回路	ア．1つの受け口で最大127台まで情報機器を接続可能なシリアルインタフェース規格。
2. CPU	イ．数ミリ角のシリコン基板上に，複数の電子回路を高度に集積化したもの。
3. フラッシュメモリ	ウ．複数の金属の円盤によって構成され，磁気を利用してデータを読み書きする装置。
4. DVD	エ．電源を切ってもデータが消えない不揮発性の半導体を用いた記憶装置。SDメモリカードやUSBメモリなどがある。
5. HDMI	オ．データの読み出しと書き込みが何度でもできるが，電源を切ると記憶内容が失われてしまうメモリ。
	カ．テレビなどのディジタル家電やAV機器で使われる映像や音声の入出力用のインタフェース規格。
	キ．商品などに付いたバーコードを光学的に読み取る装置。
	ク．赤色のレーザ光を利用してデータを読み書きする光ディスク。4.7GB記録できるので，おもに映像の記録などに用いる。
	ケ．演算装置と制御装置を総称したもの。
	コ．主記憶装置と補助記憶装置を総称したもの。

1		2		3		4		5	

問3 次の説明文に最も関係の深い語を解答群から選び，記号で答えなさい。

1. コンピュータを構成する各装置が効率よく動作するように指令を与える装置。
2. 写真や絵，印刷物などを光学的に読み取り，ディジタルデータとして入力する装置。
3. 細かな液状のインクを用紙に吹きつけて印字する装置。
4. 電波を利用して，近距離間でのデータ交換に利用されるインタフェース規格。機器間に障害物があってもデータを送受信することができる。
5. 入力装置から入力されたプログラムやデータを蓄えておく装置。CPUから直接読み書きすることができる。

```
─解答群─
ア．タッチパネル        イ．イメージスキャナ    ウ．演算装置      エ．制御装置
オ．レーザプリンタ       カ．USB          キ．主記憶装置     ク．出力装置
ケ．インクジェットプリンタ  コ．Bluetooth
```

1		2		3		4		5	

問4 次の説明文に最も適した答えをア，イ，ウの中から選び，記号で答えなさい。

1. プログラムを解読して計算処理などを行い，各装置を制御するコンピュータの中心部分。
   　ア．中央処理装置　　　　　　イ．主記憶装置　　　　　　ウ．出力装置
2. ディスプレイ上のマークやボタンを指やペンで触れることにより入力する装置。金融機関のATMや駅の券売機，携帯電話，ゲーム機などで用いられている。
   　ア．バーコードリーダ　　　　イ．タッチパネル　　　　　ウ．イメージスキャナ
3. パソコンの画面やDVDの映像などをスクリーンや壁に投影する装置。プレゼンテーションなどで用いられる。
   　ア．RAM　　　　　　　　　イ．ハードディスク　　　　ウ．プロジェクタ
4. 大容量の半導体メモリを用いて，高速で大量のデータを読み書きできる補助記憶装置。
   　ア．SSD　　　　　　　　　イ．BD　　　　　　　　　ウ．HDD
5. コンピュータ本体に，キーボードやマウス，プリンタなどの機器を接続するインタフェース規格。1つの受け口に最大127台まで接続することができる。
   　ア．HDMI　　　　　　　　イ．Bluetooth　　　　　　ウ．USB

1		2		3		4		5	

問5 次の説明文に最も関係の深い語を解答群から選び，記号で答えなさい。

1. 読み出し専用の記憶素子で構成されているメモリ。
2. 磁性材料を塗った金属製の円盤を複数枚重ねたもの。価格が安く，大量のデータを記憶することができるので，多くのパソコンに搭載されている。
3. コピー機と同様の原理で，1ページごとに用紙に印刷する出力装置。印字速度が比較的速く，ビジネス用に広く用いられている。
4. 赤色のレーザ光を利用してデータを読み書きする光ディスクで，4.7GB記録できる。
5. 青紫色のレーザ光を利用してデータを読み書きする光ディスク。映像を高画質，高音質で記録することができる。

┌─ 解答群 ───┐
ア．ハードディスク　　**イ**．DVD　　**ウ**．インクジェットプリンタ　　**エ**．ROM
オ．SSD　　**カ**．HDMI　　**キ**．レーザプリンタ　　**ク**．RAM
ケ．フラッシュメモリ　　**コ**．ブルーレイ
└───┘

1		2		3		4		5	

問6 次の説明文に最も適した答えをア，イ，ウの中から選び，記号で答えなさい。

1. データの読み出しと書き込みが何度でも可能で，電源を切ると記憶内容が消えてしまうメモリ。使用するデータ量が多い場合には，増設することもできる。
   ア．HDMI　　　　　　　**イ**．RAM　　　　　　　**ウ**．ROM
2. コンピュータ本体と情報機器を接続して，データをやりとりするための規格。
   ア．インタフェース　　　**イ**．プロジェクタ　　　**ウ**．CPU
3. 商品に貼付されたり，パッケージに印刷されたりしているメーカー名や商品名などの情報を，光学的に読み取る装置。
   ア．イメージスキャナ　　**イ**．タッチパネル　　　**ウ**．バーコードリーダ
4. コンピュータにおける五大装置の中で，記憶装置の命令を取り出して解読し，各装置が効率よく動作するように指示を送る装置。
   ア．演算装置　　　　　　**イ**．出力装置　　　　　**ウ**．制御装置
5. CPUから直接読み書きできない記憶装置。コンピュータの電源を切っても記憶された内容は消えない。
   ア．主記憶装置　　　　　**イ**．補助記憶装置　　　**ウ**．中央処理装置

1		2		3		4		5	

2 ソフトウェアの構成

　コンピュータは，装置や部品であるハードウェアだけでは処理を行うことはできない。ハードウェアの性能を引き出し，個々の処理に応じて，適切に実行させるためには**ソフトウェア（プログラム）**が必要である。

- **OS（Operating System：オペレーティングシステム）**………　ハードウェアやデータを管理し，制御するソフトウェア。基本ソフトウェアともいう。コンピュータの利用者に，ハードウェアやソフトウェアを効率よく，使いやすい環境を提供する役割を担っている。OSを起動することで，キーボードやディスプレイ装置などの周辺装置やアプリケーションソフトウェアを使用することができるようになる。

　　　　パソコン用のOSとして広く利用されているものにはMicrosoft社のWindowsやApple社のMac OSなどがある。また，企業などのサーバ用のOSとしてUNIXやLinuxなどがある。

- **アプリケーションソフトウェア**………　ワープロソフトや表計算ソフトなどのように，特定の目的に利用するためのソフトウェア。応用ソフトウェアともいう。

▼アプリケーションソフトウェアの例

処理	ソフトウェア
文書を作る	ワープロソフト
表を使って計算をする	表計算ソフト（スプレッドシート）
大量のデータを管理する	データベースソフト
スライド資料を作成する	プレゼンテーションソフト
イラストなどを描く	CG（コンピュータグラフィックス）ソフト
Webページを見る	ブラウザソフト

- **インストール**……　コンピュータにソフトウェアを保存して使用可能な状態にすること。セットアップともいう。

- **アンインストール**………　コンピュータからインストールしたソフトウェアを削除して，導入前の状態に戻すこと。

- **アップデート**……　ソフトウェアを最新の状態に更新すること。使用しているソフトウェアの不具合を修正したり，機能を向上させるために，関係するWebサイトから必要なファイルをダウンロードして最新の状態にする。

3 パーソナルコンピュータの操作

・GUI（Graphical User Interface）……… 視覚的に，直感的にコンピュータを利用できるようにした操作環境。現在のパソコンはほとんどがこの環境になっており，メニューから選択したり，機能が絵文字で表現されているなど，利用者にとってたいへん使いやすい環境になっている。なお，GUIに対して，文字中心の操作環境をCUI（Character User Interface）という。

画面

・アイコン………… ハードウェアやソフトウェア，フォルダやファイルの種類，機能などを視覚的にわかりやすく表現した画面上の小さな絵文字。これらを選択することで，操作を簡単に行うことができる。

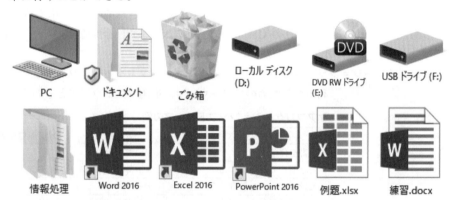

・カーソル………… 画面上で入力位置や操作位置を示すしるし。現在動作中のソフトウェアが注目している場所を|で示し，その場所に文字，数値を入力したり，指示を与えたりする。

f_x =SUM(

・スクロール……… 画面上に表示しきれない文字や画像などのデータを見るために，表示範囲を移動させる操作。表示範囲を上下方向または左右方向に移動させて，画面外にあったデータを表示させる。

問1 次の説明文に最も関係の深い語を解答群から選び，記号で答えなさい。

1. ハードウェアとアプリケーションソフトウェアの間で動作し，それぞれを管理，制御するソフトウェア。
2. コンピュータにソフトウェアを保存して使用可能な状態にすること。
3. ソフトウェアの画面上で入力位置や操作位置を示すしるし。
4. ソフトウェアを最新の状態に更新すること。
5. 画面に表示しきれない部分を表示させるために，画面を上下左右に移動する操作。

┌─ 解答群 ─────────────────────────────────┐
ア．インストール　　イ．GUI　　　　ウ．アップデート　　エ．タッチパネル
オ．アイコン　　　　カ．スクロール　キ．アンインストール　ク．OS
ケ．カーソル　　　　コ．アプリケーションソフトウェア
└──────────────────────────────────────┘

1		2		3		4		5	

問2 次のA群の語句に最も関係の深い説明文をB群から選び，記号で答えなさい。

A群	B群
1．アプリケーションソフトウェア	ア．セットアップともいい，コンピュータに新たなソフトウェアを追加して保存し，使用可能にすること。
2．アイコン	イ．ソフトウェアの操作をボタンや絵文字を選択することで，直感的に簡単に行えるようにした操作環境。
3．アンインストール	ウ．コンピュータから追加したソフトウェアを削除して導入前の状態に戻すこと。
4．GUI	エ．ソフトウェアで行う作業や指示を絵文字で表したもの。
5．オペレーティングシステム	オ．文字や数値などを入力する位置を示す画面上のしるし。
	カ．表計算ソフトウェアやワープロソフトウェアのように，特定の目的に利用するソフトウェア。
	キ．ソフトウェアの操作を画面上に表示された文字列から選択して行うようにした操作環境。
	ク．ソフトウェアの機能を向上させるために，関係するWebサイトなどから必要なファイルをダウンロードすること。
	ケ．基本ソフトウェアともいい，コンピュータの利用者にハードウェアとソフトウェアを使いやすい環境を提供する。
	コ．画面から隠れていたり一部分しか表示されていない表や画像などを画面の中に表示させたいときに行う操作。

1		2		3		4		5	

4 関連知識

　私たちは，通常，0～9の10種類の数字を用いて数値を表現している。このような数値の表現方法を10進数という。しかし，コンピュータの内部では，データは電流の有無や電圧の高低などにより認識されているので，0と1の2種類の数字によって数値を表現する**2進数**を用いている。

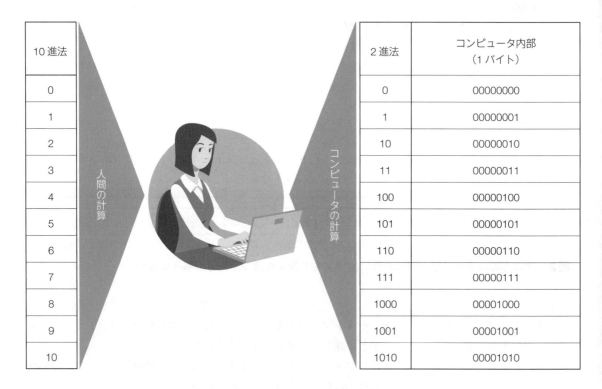

10進法
0
1
2
3
4
5
6
7
8
9
10

2進法	コンピュータ内部 （1バイト）
0	00000000
1	00000001
10	00000010
11	00000011
100	00000100
101	00000101
110	00000110
111	00000111
1000	00001000
1001	00001001
1010	00001010

・**2進数**…………　「0」と「1」の2種類の数字を用いた数値の表現方法。

参考 **2進数を10進数に変換**──────────────────────
　2進数の各けたに，けたの重みを乗じて，その和を求める。

> （例）　2進数の10011
>
> $$\begin{array}{ccccc}
> 1 & 0 & 0 & 1 & 1 \\
> \times & \times & \times & \times & \times \\
> 2^4 & 2^3 & 2^2 & 2^1 & 2^0 ※ \\
> (16) & (8) & (4) & (2) & (1) \\
> \| & \| & \| & \| & \| \\
> \underline{16} & + \ 0 & + \ 0 & + \ \underline{2} & + \ \underline{1} \ = \ 19
> \end{array}$$
>
> よって，2進数の10011は，10進数で表現すると19になる。
> ※ $a \neq 0$ のとき $a^0 = 1$

参考 **10進数を2進数に変換**

10進数を2で割り，商とあまりを求める。これを，商が0になるまで繰り返す。
最後にあまりを逆に並べる。

```
(例)　10進数の19

19 ÷ 2 = ⑨あまり1              2) 1 9
⑨ ÷ 2 = ④あまり1              2)　9 ・・・1
④ ÷ 2 = ②あまり0              2)　4 ・・・1
②  ÷ 2 = ①あまり0             2)　2 ・・・0
①  ÷ 2 = 0 あまり1            2)　1 ・・・0
                                   0 ・・・1

よって，10進数の19は，2進数で表現すると10011になる。
```

参考 **10進数を2進数に変換（別法）**

2進数の各けたの重みの和が10進数の値になるような組み合わせを求めることで，10進数を2進数に変換することができる。

```
(例)　10進数の25
(1)　10進数の「25」を超えない2進数の各けたの重みを，1(= 2^0)から順に書き出す。

　　　16　8　4　2　1　　　　　※25を超えない最大の重みは16(= 2^4)。

(2)　2進数の各けたの重みを足して10進数の「25」になるような組み合わせを求め，その重みに印をつける。

　　　⑯　⑧　4　2　①　　　　※16 + 8 + 1 = 25　となる。

(3)　印をつけた重みの上に「1」を記入し，印の無い重みの上に「0」を記入する。
　　　1　1　0　0　1
　　　⑯　⑧　4　2　①
　　　よって，10進数の25は，2進数で表現すると11001になる。
```

コンピュータの単位

- **ビット (bit)**…… 2進数1桁で表せる情報の最小単位。1ビットで0か1の2通りのデータを表現できる。
- **バイト (Byte：B)**……… 2進数8桁で表せる情報の基本単位。8ビットを1バイトという。1バイトで 2^8(256)通りのデータを表現できる。英字・数字・記号などの半角文字をコード化できる。

Lesson 1　ハードウェア・ソフトウェア　**151**

・**処理速度の単位（ms・μs・ns・ps・fs）**………　CPUが情報の読み出しを要求してから，記憶装置が情報を読み出し，CPUに送るまでの時間をアクセスタイムといい，その速度はコンピュータの性能を示す基準となる。読み書きの速度は非常に高速なため，1秒（s）の 1,000 分の1や，さらにその 1,000 分の1というような単位で表す。

▼処理速度の比較

遅い ↕ 速い	ミリセカンド（ms）	1,000 分の1秒（10^{-3}秒）	千分の1秒
	マイクロセカンド（μs）	1,000,000 分の1秒（10^{-6}秒）	百万分の1秒
	ナノセカンド（ns）	1,000,000,000 分の1秒（10^{-9}秒）	十億分の1秒
	ピコセカンド（ps）	1,000,000,000,000 分の1秒（10^{-12}秒）	一兆分の1秒
	フェムトセカンド（fs）	1,000,000,000,000,000 分の1秒（10^{-15}秒）	千兆分の1秒

・**記憶容量の単位（KB・MB・GB・TB・PB）**………　記憶された大量の情報を表現するには，1B（バイト）の約 1,000 倍や，さらにその約 1,000 倍というような単位で表す。

　コンピュータの数の概念は2進法なので，記憶容量の単位は，2^{10}（1,024）倍ずつ大きくなる。よって，1KBは 10 進数の 1,000 倍の 1,000Bではなく，正確には 1,024Bである。1MBは 1,024KB（2^{20}B），1GBは 1,024MB（2^{30}B），1TBは 1,024GB（2^{40}B），1PBは 1,024TB（2^{50}B）である。しかし，計算しやすくするために，1,024 倍でなく，1,000 倍を用いることが多い。

▼記憶容量の比較

小 ↕ 大	キロバイト（KB）	約 1,000 バイト（10^3バイト）	約千バイト
	メガバイト（MB）	約 1,000,000 バイト（10^6バイト）	約百万バイト
	ギガバイト（GB）	約 1,000,000,000 バイト（10^9バイト）	約十億バイト
	テラバイト（TB）	約 1,000,000,000,000 バイト（10^{12}バイト）	約一兆バイト
	ペタバイト（PB）	約 1,000,000,000,000,000 バイト（10^{15}バイト）	約千兆バイト

・**フォーマット**……　ハードディスクなどの記憶媒体を，OSの記録方式に合わせて，読み書きできる状態にすること。初期化，イニシャライズともいう。通常，購入したハードディスクなどの記憶媒体を初めて使用するときに行う。なお，すでに使用されている記憶媒体をフォーマットすると，これまでに記録していたデータは全て消去されてしまうので，注意しなければならない。

・**ファイル名**………　データを記憶媒体に保存する際に付ける名前。コンピュータのデータはファイル単位で保存される。ファイルは，保管場所（フォルダ）とこのファイル名により区別される。

・**フォルダ（ディレクトリ）**………　ハードディスクなどの記憶媒体内にファイルを分類，整理するために作られた保管場所。

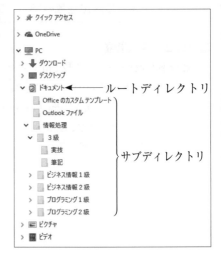

- **バッチ処理**‥‥‥‥ 発生したデータを一定期間または一定量ためておき，一度にまとめて処理する方式。一括処理ともいわれる。電気料金や通話料金，給与計算などがある。
- **リアルタイム処理**‥‥‥‥ データが発生すると即座に処理を行う方式。実時間処理ともいわれる。オンラインによる座席予約システムなどがある。
- **EOS (Electronic Ordering System：電子発注システム)**‥‥‥‥ 企業間をオンラインで結んだ受発注システム。コンビニなどの小売店舗で受発注業務を効率化するために利用されている。コンピュータで発注・仕入・請求・支払などを一元管理し，小売店の端末と本部や卸売店などを結ぶことで，迅速で正確な発注作業が行える。POSシステムとリンクしたシステムもある。
- **EC (Electronic Commerce：電子商取引)**‥‥‥‥ インターネットを利用して，商品やサービスの売買を行うこと。ECは大きく3つに分けられ，企業同士の取引を「B to B」(Business to Business)，企業・消費者間の取引を「B to C」(Business to Consumer)，消費者同士の取引を「C to C」(Consumer to Consumer)という。
- **POSシステム (Point Of Sales system)**‥‥‥‥ 販売店のレジで商品のバーコードを読み取ることで，売上情報を収集し記録するしくみ。商品の在庫管理や品揃えに反映することができる。レジで即座に行えるので，販売時点情報管理システムともいう。

▲POSシステム

- **バーコード**‥‥‥‥ 横方向に並んだ直線の太さや間隔により，データを表したもの。これを読み取る装置をバーコードリーダという。バーコードは商品をはじめ，個人カードや図書の管理などに広く用いられている。
- **JANコード (Japan Article Number code)**‥‥‥‥ JISによって規格化されたバーコード。日本の共通商品コードとなっており，POSシステムやEOSなどで利用されている。国コード，メーカーコード，商品コード，チェック用コードの順に，13けたまたは8けたの数値で構成されている。

▼JANコード

コード	標準タイプ（13けた）	短縮タイプ（8けた）
国コード（日本は49または45）	2	2
メーカーコード	5または7	4
商品コード	5または3	1
読み取りミスのチェック用コード	1	1

・二次元バーコード（QRコード：Quick Response code）……… 縦横の2方向に情報を持つコード。横方向にしか情報を持たないバーコードよりも，数百倍の情報を記録することができ，数値のほか，文字も記録することができる。

　QRコードは，日本のデンソーウェーブが開発した二次元コードの形式で，日本で最も普及している。小さな正方形の点を縦横に同数並べる方式で，360°どの方向からも正確に情報を読み取ることができる。商品情報のほかに，会社名や住所，電話番号，インターネットのURLやメールアドレスなど，多くの情報を記録することができる。

↑ JANコード

↑短縮タイプ

QRコード→

▲JANコードと二次元バーコード

・RFID（Radio Frequency IDentification：電波方式認識）……… 情報を記録したICタグを使用して，電波や電磁波による無線通信により，認証や商品管理を行う技術。ICタグは，電子タグや無線タグ，RFタグとも呼ばれ，一度記録した人物や商品に関するデータを書き換えることもできる。バーコードと異なり，複数のタグ（荷札）を一括して読み取ることや，箱や袋の中に入れたままで読み取ることができる。通信可能な距離は数cm〜数m。

・非接触型ICカード……… 内部にICチップとアンテナを内蔵し，電波を利用してデータの送受信をするICカード。読み取り機に近づけるだけで処理することができ，交通機関の乗車券やキャッシュカード，プリペイドカード，運転免許証，身分証などに広く利用されている。

▲非接触型ICカード

・AI（Artificial Intelligence：人工知能）……… 人間の知能をコンピュータで実現するための技術。人間が学習をするように，コンピュータが自ら学習（ディープラーニング：深層学習）することができる。画像認識，音声認識，自然言語処理の技術で広く活用されている。一般的なコンピュータは，人間によりあらかじめプログラムされた指示通りの処理をするが，AIは，人間と同じように，自律的に認識，学習，判断，推論といった処理を行い，相手や状況に応じた適切で柔軟な対応をすることができる。

・IoT（Internet of Things：モノのインターネット）……… さまざまな物をインターネットに接続すること。情報端末ではない電子機器や機械類をインターネットに接続して，情報をやり取りするしくみ。これまでインターネットに接続されていなかった物（家電や自動車など）に，センサ（検知器）やカメラ，通信機能等を取り付け，インターネットに接続することで，リアルタイムで情報交換が可能となった。パソコンやスマートフォンなどから遠隔操作ができ，自動認識，自動計測，自動制御などができるようになった。

　また，IoTにより収集される多種多様な膨大な情報（ビッグデータ）は，インターネット上に集めることができ，AIなどの技術により多方面で活用できるようになる。

筆記練習 17

問1 次の説明文に最も関係の深い語を解答群から選び，記号で答えなさい。

1. ハードディスクなどの記憶媒体に，データを記録できるようにする処理。初期化ともいう。
2. 情報端末ではない家電や機械などをインターネットに接続して，情報をやり取りするしくみ。
3. データを一定期間蓄えて，一度にまとめて処理する方式。
4. ネットワークを利用して，企業間の商品の受発注業務をコンピュータで効率的に行うシステム。
5. 商品などにつけられた電子タグから無線により情報を読み書きする技術。

─ 解答群 ─
ア．EC　　　　　　　イ．RFID　　　　　ウ．EOS　　　　エ．POS システム
オ．リアルタイム処理　カ．フォーマット　キ．フォルダ　　ク．バッチ処理
ケ．QR コード　　　　コ．IoT

1		2		3		4		5	

問2 次のA群の語句に最も関係の深い説明文をB群から選び，記号で答えなさい。

A群	B群
1. ビット	ア．記憶装置内にファイルを分類，整理するために作られた保管場所。
2. ファイル名	イ．データを記憶媒体に保存する際に付ける名前。
3. AI	ウ．内部にICチップとアンテナを内蔵し，電波を利用してデータの送受信をするICカード。
4. JANコード	エ．日本の共通商品コードであり，国コード，メーカーコード，商品コードなどで構成されている。
5. 二次元バーコード	オ．縦横の2方向に情報を持つコード。数値のほか文字も記録することができる。
	カ．販売店のレジで商品のバーコードを読み取ることで，売上情報を収集し記録するしくみ。
	キ．人間の知能をコンピュータで実現するための技術。
	ク．電波を利用し，読み取り機に近づけることでデータのやり取りができるICカード。
	ケ．2進数8桁で表される情報の基本単位。
	コ．2進数1桁で表される情報の最小単位。

1		2		3		4		5	

問3 次の説明文に最も適した答えを**ア，イ，ウ**の中から選び，記号で答えなさい。

1. インターネットを利用して，商品やサービスの売買を行うこと。
   　ア．RFID 　　　　　　　　**イ**．EOS 　　　　　　　　**ウ**．EC
2. 記憶装置内にファイルを分類，整理するために作られた保管場所。
   　ア．フォルダ 　　　　　　　**イ**．フォーマット 　　　　　**ウ**．ファイル名
3. 商品の販売時点で売り上げを管理し，今後の仕入れや経営活動に活用していくシステム。
   　ア．EOS 　　　　　　　　　**イ**．POSシステム 　　　　　**ウ**．非接触型ICカード
4. 発生するデータをただちに処理する方式。
   　ア．電子発注システム 　　　**イ**．バッチ処理 　　　　　　**ウ**．リアルタイム処理
5. 2進数の8桁で表される情報の基本単位。
   　ア．ビット 　　　　　　　　**イ**．バイト 　　　　　　　　**ウ**．KB

1		2		3		4		5	

問4 次のコンピュータの処理速度と記憶容量を示した式の空欄に，適切な数値を書きなさい。
ただし，$1KB = 10^3B$，$1MB = 10^6B$，$1GB = 10^9B$，$1TB = 10^{12}B$，$1PB = 10^{15}B$とする。

1. $10{,}000\,\mu s = \boxed{}ms$　　　2. $10fs = \boxed{}ps$　　　3. $0.01ms = \boxed{}\mu s$
4. $10{,}000KB = \boxed{}MB$　　　5. $100MB = \boxed{}GB$　　　6. $0.1PB = \boxed{}TB$

1		2		3	
4		5		6	

問5 次の1.～3.の10進数を2進数に，4.～6.の2進数を10進数に変換し，答えを書きなさい。

1. 12 　　　　　　　　　　　2. 38 　　　　　　　　　　　3. 53
4. 1011 　　　　　　　　　　5. 10100 　　　　　　　　　6. 101101

1		2		3	
4		5		6	

Lesson 2 通信ネットワーク・情報モラルとセキュリティ

1 通信ネットワークに関する知識

- **プロバイダ（ISP：Internet Service Provider）**……… インターネットの各種サービスを提供する接続業者。一般に，個人でインターネットを利用するにはプロバイダと契約して，プロバイダが設置しているアクセスポイントを経由してインターネットに接続する。アクセスポイントの数や，料金，サービスの内容はプロバイダによって異なる。

- **HTML（HyperText Markup Language）**……… Webページを作成するための言語。タグとよばれる＜　＞の記号で区切られたコマンドを用いて，文書構造や文字装飾，画像や音声の挿入，他のファイルへのリンクなどを定義する。

- **ブラウザ**………… HTML言語で記述されているWebページの情報を閲覧するためのソフトウェア。閲覧ソフト，ビューワともいう。

- **URL（Uniform Resource Locator）**……… インターネットにおいて，HTML文書や画像などが保存されているファイルの場所を示すアドレス。ブラウザに，固有のアドレスであるURLを指定することで，目的のWebページにアクセスすることができる。

- **ドメイン名**……… インターネット上のサーバに付けられたネットワークを識別するための名前。URLやメールアドレスで，組織・団体などの所属を表す部分。

  ▼URLとドメイン名の例

  https：//www．jikkyo．co．jp／
  　　　　　　　ドメイン名

▼属性（組織の種類）の例

表記例	組　　織	
co	Commercial	企業（営利法人）
ac	Academy	高等教育機関・学術研究機関
go	Government	政府機関
ed	Education	初等中等教育機関
ne	network service	ネットワークサービス業者
or	Organization	非営利法人

▼国名の例

表記例	国名
jp	日本
cn	中国
fr	フランス
kr	韓国
uk	イギリス
de	ドイツ

※アメリカは国名の表記を省略

- **ハイパーリンク**… Webページ上で，マウスをポイントして「手」のマークになる部分をクリックすると，あらかじめリンク先として指定しておいた他のページへ即座に接続を切り替えて移動できる機能。ハイパーリンクは，指定した文字列や画像に設定できるほか，URLやメールアドレスを直接入力した場合にもその文字列に自動的に設定される。

- **検索（サーチ）エンジン**……… インターネット上で公開されている膨大なWebページの中から，目的のWebページを効率よく探し出すことができるWebページ。検索方法には，指定したキーワードを含むWebページを探し出すキーワード型検索と，分類されたカテゴリの中から目的の項目を順にたどっていくディレクトリ型検索がある。

- **Webサーバ**………　HTML文書や画像などのWebページの情報を蓄積しておき，ブラウザからの要求に応じて，ネットワークを通じて送信するサーバ。
- **メールサーバ**……　電子メールの送受信を行うサーバ。送信用と受信用のサーバから構成されている。
- **メーラ**…………　電子メールを送受信するために必要なソフトウェア。メールソフトともいう。
- **Webメール**……　メーラを使わずに，ブラウザ上で電子メールの送受信を行うしくみ。Webメールを利用したサービスとして，Yahoo!メール，Gmail，Hotmail，gooメールなどがある。

電子メールの送信

- **宛先（To）**………　メーラで，電子メールを送信したい相手のメールアドレスを入力する場所。
- **カーボンコピー（Cc：Carbon copy）**………　メーラで，本来の電子メールを送信したい人（Toで指定）以外の人にも同一内容のメール（写し）を送信したいときにメールアドレスを入力する場所。複数の人に送信したい場合は，メールアドレスを「,」や「;」で区切って入力する。Ccに入力したメールアドレスはすべての受信者が見ることができる。
- **ブラインドカーボンコピー（Bcc：Blind carbon copy）**………　Ccと同様，メーラで，Toで指定した相手以外にも同一内容のメール（写し）を送信したいときにメールアドレスを入力する場所。Ccと異なり，Bccに入力したメールアドレスは他の受信者に見られることはない。
- **添付ファイル**……　電子メールの本文と一緒に送付される，送信者が指定したファイル。本文の文字によるメッセージ（テキストデータ）のほかに，画像や映像，ワープロ文書，ワークシートなどのデータ（バイナリデータ）も一緒に送信することができる。なお，知らない送信者から受信した添付ファイルは，コンピュータウイルスに感染している可能性もあるので，取り扱いには注意が必要である。
- **ファイルサーバ**…　ネットワーク上で，複数の利用者が共通に使用するワープロ文書やワークシートなどのファイルを保存したサーバ。
- **プリントサーバ**…　ネットワーク上で，複数の利用者がプリンタを共有するために設置するサーバ。
- **オンラインストレージ（online storage）**…　インターネット上に用意されたデータの保存場所。IDとパスワードを入力することでHDD（ハードディスク装置）やSSDと同じように，データを自由に読み書きすることができる。クラウドストレージとも呼ばれる。複数の利用者が同時にアクセスでき，ファイルを共有できるので，ビジネスで広く利用されている。
- **アップロード（upload）**…　自分のコンピュータにあるプログラムやデータをネットワークを通して，サーバに転送し保存すること。
- **ダウンロード（download）**…　サーバに公開されているプログラムやデータをネットワークを通して自分のコンピュータに転送し保存すること。

コラム　サーバ（server）とクライアント（client）

　ネットワーク上の他のコンピュータからの要求に対して，何らかのサービスを提供する役割を持ったコンピュータを**サーバ**という。要求がある度に，サーバが持っている機能やデータを提供する。サーバには，高速性とともに，高い安全性，信頼性が求められる。なお，サービスを要求する側のコンピュータを**クライアント**という。

問1 次の説明文に最も適した答えを解答群から選び，記号で答えなさい。

1. インターネットの利用者に，各種サービスを提供する接続業者。
2. ネットワーク上で，複数の利用者が共有するワープロ文書やワークシートなどのファイルを格納したサーバ。
3. Webページを閲覧するためのソフトウェア。
4. インターネット上に公開されている情報から，必要な情報を探し出すときに利用するWebページ。
5. インターネット上に用意されたデータの保存場所。複数の利用者がファイルを共有することができる。

- 解答群
ア．ファイルサーバ　　**イ**．Webサーバ　　**ウ**．ブラウザ　　**エ**．検索エンジン
オ．URL　　　　　　　**カ**．HTML　　　　**キ**．メーラ　　　**ク**．オンラインストレージ
ケ．ハイパーリンク　　**コ**．プロバイダ

1		2		3		4		5	

問2 次のA群の語句に最も関係の深い説明文をB群から選び，記号で答えなさい。

A群	B群
1．HTML	**ア**．電子メールを送信したい相手のメールアドレスを入力する場所。
2．ドメイン名	**イ**．URLや電子メールアドレスの組織・団体など所属を表す部分。
3．Webサーバ	**ウ**．Webページ上の特定の場所をクリックすることで，別のWebページへ移動できるしくみ。
4．アップロード	**エ**．インターネットにおいて，文書や画像などのファイルの保存場所を示すアドレス。
5．ハイパーリンク	**オ**．自分のコンピュータにあるプログラムやデータをネットワークを通してサーバに転送し保存すること。
	カ．電子メールの送受信を行うコンピュータ。
	キ．インターネットから必要な情報を探し出すために用いるWebページ。
	ク．Webページの情報を蓄積しておき，ブラウザからの要求に応じて送信するコンピュータ。
	ケ．Webページを作成するときに用いる言語。
	コ．サーバに公開されているプログラムやデータをネットワークを通して自分のコンピュータに転送し保存すること。

1		2		3		4		5	

問3 次の説明文に最も関係の深い語を解答群から選び，記号で答えなさい。

1. 電子メールを送信したい相手のメールアドレスを入力する場所。
2. 電子メールを送受信するために必要なソフトウェア。
3. 同一の電子メールを複数の人に送るときにメールアドレスを入力する場所で，受信者は自分以外の他の受信者が誰かわからない。
4. 電子メールの送受信を行うコンピュータ。
5. 電子メールの送信時に本文と一緒に送付される，画像や音楽，アプリケーションソフトで作成したデータなどのファイル。

---解答群---
ア．ブラウザ   **イ**．添付ファイル   **ウ**．URL   **エ**．メールサーバ
オ．カーボンコピー   **カ**．メールアドレス   **キ**．To   **ク**．プリントサーバ
ケ．ブラインドカーボンコピー   **コ**．メーラ

1		2		3		4		5	

問4 次の説明文に最も適した答えを**ア**，**イ**，**ウ**の中から選び，記号で答えなさい。

1. 同一の電子メールの写しを複数の人に送るときにメールアドレスを入力する場所で，受信者は自分以外の他の受信者が誰かを見ることができる。
       ア．To   **イ**．Bcc   **ウ**．Cc
2. インターネットにおいて，Webページの文書や画像などのファイルの保存場所を示すアドレス。
       ア．URL   **イ**．ドメイン名   **ウ**．宛先
3. ネットワーク上で，複数の利用者で印刷機を共有するために設置されるサーバ。
       ア．ファイルサーバ   **イ**．プリントサーバ   **ウ**．Webサーバ
4. メーラを使わずに，ブラウザ上で電子メールの送受信を行うしくみ。
       ア．ダウンロード   **イ**．メールサーバ   **ウ**．Webメール
5. サーバに公開されているプログラムやデータをネットワークを通して自分のコンピュータに転送し保存すること。
       ア．アップロード   **イ**．ダウンロード   **ウ**．アップデート

1		2		3		4		5	

2 情報モラルに関する知識

・**プライバシーの侵害**……… 他人に知られたくない個人の情報を無断で公開し，本人に精神的苦痛を与えること。自宅住所や電話番号，メールアドレスなどの連絡先はもとより，身長・体重などの身体状況や家族，財産，病歴，犯罪歴などの情報は，本人の承諾なしに公開してはならない。

・**フィルタリング**… 青少年にとって不適切なWebサイトへのアクセスを制限する機能。プロバイダが，希望者に対し，「有害サイトアクセス制限サービス」などとして，Webページを一定の基準で評価，判別して，該当するWebサイトを排除している。

・**有害サイト**……… 青少年の健全な育成をさまたげる情報や犯罪につながる情報を掲載しているWebサイト。出会い系サイト，ギャンブルサイト，アダルトサイト，薬物サイトなどがある。

(1)迷惑メール

・**スパムメール**…… 不特定多数の受信者へ一方的に大量に発信される広告や勧誘などを内容としたメール。

・**チェーンメール**… 受信者に受信内容を他の人へ送信するよう促すメール。「秘密情報」「緊急連絡」「不幸の手紙」などさまざまな種類がある。「最低〇人にお知らせください」などのメッセージにのって次々と他人に転送されることがある。受信した場合には，内容に関わらず，決して転送してはならない。

(2)ネット詐欺

インターネット上で，利用者をだまして金品を奪うなどして損害を与える行為。

・**フィッシング詐欺**……… 実在する金融機関や企業などを装った偽の電子メールやWebサイトで，クレジットカードの番号や暗証番号などの個人情報を不正に入手する犯罪行為。

・**ワンクリック詐欺**……… 実際に利用していないWebサイトの使用料や会員登録料などを，不当な料金で請求する詐欺行為。Webサイトのバナー広告や一方的に送られてきたメールのURLなどを，1回クリックしただけで詐欺にあうことからこのように呼ばれている。

3 セキュリティに関する知識

- **認証**…………… セキュリティの一部で，ある人物が，本当にその人物であるかどうかを確認すること。パスワードがよく使われる。

- **生体認証**（biometrics authentication：バイオメトリクス認証）……… 人間一人ひとりが異なる身体的な特徴により，本人確認を行う認証システム。指紋や眼球の虹彩，静脈，声紋，顔の形状などを用いる。ユーザIDやパスワードに比べ，本人の身体そのものが認証の対象となるため，「なりすまし」ができなくなり，セキュリティを高めることができる。

- **ユーザID**（user IDentification）……… コンピュータシステムにおいて，利用者本人を識別するために入力する番号や文字列。一般に，社員番号や学生番号などが利用される。

- **パスワード**（password）……… ユーザIDが正当な利用者以外に不正に使用されないように設定する暗証番号。本人しか知らない番号や文字列を使う。

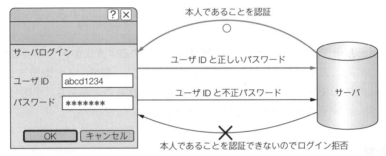

- **アクセス制限**…… 利用者によってアクセス権を制限すること。ネットワーク上にあるファイルに対し，内容を見る（読み込み），データを変更したり削除したりする（書き込み）という操作に制限をかけることができる。

- **アクセス権**……… ネットワーク上にあるファイルやフォルダ，情報機器などを利用するための権限のこと。ネットワーク上にあるファイルの「読み出し」と「書き込み」について，対象者ごとにアクセス許可，アクセス拒否を設定する。OSには，そのコンピュータの利用者に対して，個々にアクセス権を設定する機能がある。

- **不正アクセス**…… 利用権限の無いコンピュータシステムへ侵入したり利用したりすること。

- **なりすまし**……… 他人のユーザIDなどを不正に利用し，その人の振りをしてネットワーク上で活動すること。

- **マルウェア（malware：malicious と software の混成語）**………　他人のコンピュータシステムに被害を与える目的で作られた悪意のあるソフトウェアの総称。不正ソフトウェア，クライムウェアとも呼ばれる。コンピュータウイルスやスパイウェア，ワーム，トロイの木馬などがある。
- **コンピュータウイルス（computer virus）**………　プログラムの一部に組み込まれて侵入し，プログラムが実行されると不正な処理を行い，自分で自分のコピーを作って増殖（自己増殖）するマルウェア。ファイル感染型，マクロ感染型などがある。ファイル感染型は拡張子が「.com」「.exe」などの実行ファイルに感染し，マクロ感染型はマイクロソフト社のOfficeアプリケーション（Word，Excel，PowerPoint，Accessなど）のファイルに感染する。コンピュータウイルスは単体では活動できず，他のコンピュータへ感染して増殖するためには，寄生するソフトウェア（宿主）が不可欠となる。
- **スパイウェア（spyware：spy と software の混成語）**………　利用者に関する情報を収集して，外部の企業や個人に有益な情報を送信するマルウェア。利用者が気づかずにインストールしている場合が多い。クレジットカードの番号やユーザID，パスワード，Webサイトのアクセス履歴などの有益な情報を盗み出して，手に入れたい外部の者へ送信する。スパイウェアは情報を盗み出すことが目的であり，コンピュータに不具合を起こしたり他へ感染したりすることはない。
- **ワーム（worm）**………　コンピュータシステムに自分で自分のコピーを大量に作成（自己増殖）して，さまざまな不具合を起こすマルウェア。コンピュータワームとも呼ばれる。感染すると電子メールに添付されて自動送信されるので，ネットワークを通じて次々と感染が広がる。
- **トロイの木馬**………　一見無害なファイルやソフトウェアを装ってコンピュータに侵入し，外部から不正な操作をするマルウェア。外部から命令があるまではコンピュータ内部に潜伏し，遠隔操作により不正な処理を行う。

▼マルウェアの種類

種類	自己増殖	感染力	特徴
コンピュータウイルス	○	○	単体では存在できない。活動するには感染先のファイル（宿主）が必要
スパイウェア	×	×	利用者の意図に反してインストールされる
ワーム	○	○	独立したプログラムとして単体で活動できる
トロイの木馬	×	×	無害なソフトウェア内に悪質な機能を隠蔽

- **ウイルス対策ソフトウェア**………　コンピュータ内部でやり取りされるデータとウイルス定義ファイル（パターンファイル）を比較して，ウイルスを検出し，除去するソフトウェア。アンチウイルスソフト，ワクチンソフト，ワクチンプログラムともいう。
- **ウイルス定義ファイル（パターンファイル）**………　コンピュータウイルスの特徴を記録したウイルス検出用のファイル。新種ウイルスに対応するためには，最新のウイルス定義ファイルに更新したウイルス対策ソフトを用いる必要がある。
- **ワクチンプログラム**………　コンピュータウイルスの検出や除去などを専門的に行うソフトウェア。ウイルスを検出した場合には，除去したり，感染したファイルを削除したり，隔離したりする。

問1 次の説明文に最も関係の深い語を解答群から選び，記号で答えなさい。

1. 他人に知られたくない個人の情報を本人の許可無く公開し，精神的苦痛を与えること。
2. 青少年の健全な育成をさまたげる情報や，犯罪となる情報を掲載しているWebページ。
3. 受信者に受信内容をほかの人へ送信するように促す電子メール。
4. 実在する金融機関などを装った偽の電子メールやWebページで，クレジットカードの番号や暗証番号などの個人情報を不正に入手する行為。
5. システムやネットワークに接続する際に，利用者を識別するために入力する番号や文字列。

---解答群---
ア．不正アクセス　　イ．なりすまし　　ウ．プライバシーの侵害　エ．ユーザID
オ．有害サイト　　　カ．スパムメール　　キ．チェーンメール　　　ク．アクセス制限
ケ．ワンクリック詐欺　コ．フィッシング詐欺

1		2		3		4		5	

問2 次のA群の語句に最も関係の深い説明文をB群から選び，記号で答えなさい。

A群	B群
1. フィルタリング	ア．他人のコンピュータシステムに被害を与える目的で作られた有害なソフトウェアの総称。
2. ワクチンプログラム	イ．インターネットを利用する際に，Webページの閲覧やデータの受発信を制限する機能。
3. マルウェア	ウ．子どもにとって有害な反社会的行為に関する情報を掲載したWebページ。
4. 生体認証	エ．本人の許可無く個人情報を公開したりして，人を不快にしたり不安にさせる行為。
5. スパムメール	オ．広告や勧誘など，不特定多数の人に無差別に大量に発信されるメール。
	カ．受信した人に，他の人へ同じ内容のメールを送ることをすすめているメール。
	キ．コンピュータに悪意を持ったプログラムが存在しないかチェックしたり除去したりするソフトウェア。
	ク．他人のユーザIDを用いるなどして，本来利用権限のないコンピュータシステムへ侵入すること。
	ケ．ネットワーク上で，本人の振りをすること。
	コ．コンピュータシステムに接続する人物が，本当にその人物であるかどうかを指紋や虹彩などの身体的特徴から確認すること。

1		2		3		4		5	

問3 次の説明文に最も関係の深い語を解答群から選び，記号で答えなさい。

1. Webサイトやメールに記載されたURLを1回クリックしただけで，利用者が実際に利用していないWebサイトの使用料や会員登録料などを，不当な料金で請求する行為。
2. コンピュータシステムやネットワークに接続する際に，利用者が本人かどうかを確認するために入力する暗証番号。
3. ネットワークに他人のパスワードなどを用いて侵入し，本人であるかのように振る舞うこと。
4. ネットワーク上にあるコンピュータやファイル，情報機器を利用するための権限のこと。
5. コンピュータウイルスの特徴を記録したウイルス検知用のファイル。

解答群

ア．ユーザID　　　イ．なりすまし　　　ウ．有害サイト　エ．ウイルス定義ファイル
オ．パスワード　　カ．迷惑メール　　　キ．アクセス権　ク．プライバシーの侵害
ケ．フィッシング詐欺　コ．ワンクリック詐欺

1		2		3		4		5	

問4 次のA群の語句に最も関係の深い説明文をB群から選び，記号で答えなさい。

A群	B群
1．スパイウェア	ア．青少年にとって不適切なWebサイトなどへのアクセスを制限する機能。
2．不正アクセス	イ．一見無害なファイルやソフトウェアを装ってコンピュータに侵入し，外部から不正な操作をするマルウェア。
3．トロイの木馬	ウ．青少年の健全な育成をさまたげる情報や，犯罪となる情報を掲載しているWebページ。
4．ワーム	エ．利用者に関する情報を収集して，外部の企業や個人に有益な情報を送信するマルウェア。
5．アクセス制限	オ．利用者の立場によって，コンピュータシステムやファイルを利用できる範囲を決めること。
	カ．他人に知られたくない個人の情報を，本人の許可無く公開して精神的苦痛を与えること。
	キ．ネットワークを通して自分の複製を大量に作成し，さまざまな不具合を起こすマルウェア。
	ク．コンピュータシステムに接続する際に，利用者を識別するために入力するコード。
	ケ．利用権限の無いコンピュータシステムへ侵入したり利用したりすること。
	コ．他人のコンピュータシステムに，何らかの障害を及ぼすことを目的に悪意を持って作成されたソフトウェア。

1		2		3		4		5	

Lesson ❸ プログラム

1 アルゴリズムに関する知識

　ある目的を達成するための処理手順のことを**アルゴリズム**という。プログラムを作成するときは，アルゴリズムを**流れ図**で表現し，それをプログラム言語で記述する。

　プログラムの基本的な流れは，入力→処理→出力の順である。

・**流れ図（フローチャート）**……… 処理の手順（アルゴリズム）を図式化したもの。JIS規格で流れ図に使用する記号が規定されている。

▼**流れ図で使用するおもな記号**

端子	準備	処理	データ
プログラムの始まりと終わりを示す	初期値の設定などのプログラムの準備を示す	演算や代入などの処理を示す	データの入力や出力を示す
判断	ループ始端	ループ終端	線
条件によって処理を分岐することを示す	繰り返す処理の始まりを示す	繰り返す処理の終わりを示す	処理の流れを示す 原則，上から下，左から右

・**変数**……… プログラムの中で任意の値を記憶する場所。値は随時変更できる。変数に値を入れる（記憶する）ことを**代入**という。

・**定数**……… プログラムの中で特定の値を記憶する場所。値は変更できない。

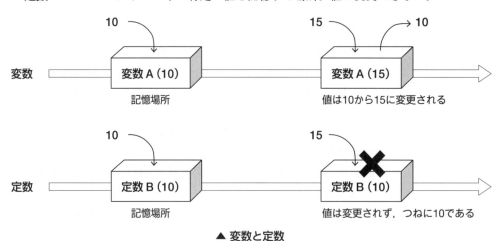

▲ **変数と定数**

・**トレース**……… 変数の値の変化をたどる作業。この作業により，処理が正しく行われているかを確認する。流れ図をトレースする際に作成する変数の変化の過程をまとめた表を**トレース表**という。

・**算術演算**‥‥‥‥‥　加算，減算，乗算，除算などの計算を行うこと。

▼演算の優先順位

順位		算術演算子
1		べき乗（＾）
2		掛け算（×，＊）割り算（÷，／）
3	↓	足し算（＋）引き算（－）

例）$3 \times 2 + (3 - 1)$
　　　　　① 2
　　② 6
　　③ 　　　8

※足し算や引き算などを優先させる場合は
カッコをつける。

・**論理演算**‥‥‥‥‥　条件に対して，真（true または1）や偽（false または0）の2つの値を入力して，真または偽の1つの値を出力する演算を行うこと。電子回路（論理回路）の設計に用いる。論理積（AND演算），論理和（OR演算），論理否定（NOT演算）などがある。

▼論理演算の種類（一部）

種類	AND	OR	NOT
記号	1 0 ─── 0	1 0 ─── 1	1 ──▷○── 0
意味	2つの入力がともに「1」の場合，「1」を出力	2つの入力のうち，どちらか一方が「1」であれば，「1」を出力	「1」が入力されたら「0」，「0」が入力されたら「1」を出力

参考　比較演算の結果

　比較演算の結果は，1（真）または0（偽）の論理演算から導き出された値になる。例えば，「$1 \leqq 2$ AND $3 < 2$」は，比較演算を行った結果は「1（真）AND 0（偽）」となるため，「0（偽）」が出力される。

手続きの基本構造

複雑なアルゴリズムも，順次，選択，繰り返しの3つの基本構造で表現することができる。

・**順次**………… 　上から下へと順に処理を行う構造。

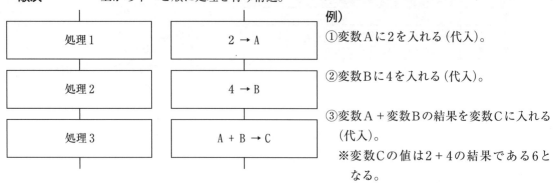

例)

①変数Aに2を入れる（代入）。

②変数Bに4を入れる（代入）。

③変数A＋変数Bの結果を変数Cに入れる（代入）。

※変数Cの値は2＋4の結果である6となる。

・**選択**………… 　条件によって処理を分ける構造。条件が満たされている場合はYES（真）の処理に進み，そうでなければNO（偽）の処理へ進む。

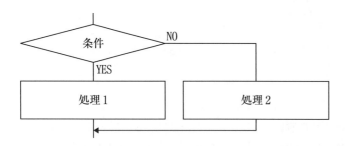

例)

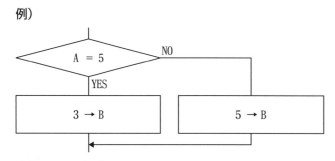

変数Aが5の場合

A＝5（5＝5）の結果，YESとなる。

そのため，変数Bに3が代入される。

変数Aが3の場合

A≠5（3≠5）の結果，NOとなる。

そのため，変数Bに5が代入される。

・**繰り返し**……… 判定条件によって，ループ内の処理を繰り返し行う構造。判定条件には，**条件判定**と**回数判定**がある。

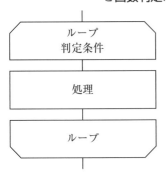

例）条件判定（変数Aが1の場合）

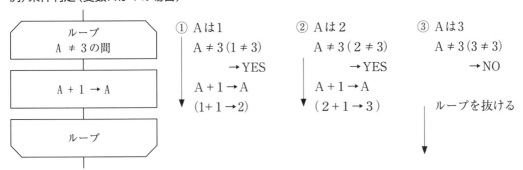

①変数Aが1の場合，A ≠ 3（1 ≠ 3）の結果，YESとなる。
　そのため，A + 1→A（1 + 1→A）の処理をする。
②変数Aが2になると，A ≠ 3（2 ≠ 3）の結果，YESとなる。
　そのため，A + 1→A（2 + 1→A）の処理をする。
③変数Aが3になると，A ≠ 3（3 ≠ 3）の結果，NOとなるため，ループを抜ける。

例）回数判定

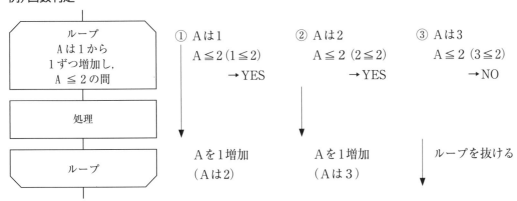

①「Aは1から1ずつ増加」とあることから，最初の変数Aの値（初期値）は1となる。A≦2（1≦2）の結果，
　YESとなり，処理を行う。
②2回目のループでは，変数Aは1増加し，2となる。A≦2（2≦2）の結果，YESとなり，処理を行う。
③3回目のループでは，変数Aは1増加し，3となる。A≦2（3≦2）の結果，NOとなるため，ループを
　抜ける。

2 トレースの手順

＜流れ図の見方＞

　端子記号の「はじめ」から「おわり」に向かい，原則として上から下へ，左から右へ処理を行う。必要に応じて矢印によって処理の流れを明示する。

＜トレース表作成の方法＞

　①流れ図の変数を書き出す。

　②流れ図にしたがって変化した変数の値を順番に記入する。

⑴順次構造のトレース

　【例】Aの値が3，Bの値が5のとき，出力されるZの値を答えなさい。

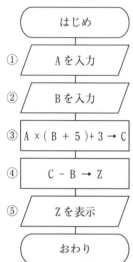

①変数Aに3を代入する。

②変数Bに5を代入する。

③$3 \times (5 + 5) + 3$の計算結果33を変数Cに代入する。

④$33 - 5$の計算結果28を変数Zに代入する。

⑤変数Zの値である28を表示する。

▼トレース表

	A	B	C	Z
①	3			
②	3	5		
③	3	5	33	
④	3	5	33	28
⑤	3	5	33	28

※⑤は表示されるだけで変数の値は変化しない。

⑵選択構造のトレース表

　【例】Aの値が13のとき，出力されるZの値を答えなさい。

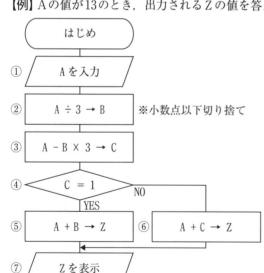

①変数Aに13を代入する。

②$13 \div 3$の計算結果4を変数Bに代入する。

③$13 - 4 \times 3$の計算結果1を変数Cに代入する。

④$C = 1$（$1 = 1$）の判断の結果，YESとなり，⑤に進む。

⑤$13 + 4$の計算結果17を変数Zに代入する。

⑦変数Zの値である17を表示する。

▼トレース表

	A	B	C	Z	
①	13				
②	13	4			
③	13	4	1		
④	13	4	1		C = 1 → YES
⑤	13	4	1	17	
⑦	13	4	1	17	

⑶繰り返し構造のトレース

【例】Aの値が3のとき，出力されるZの値を答えなさい。

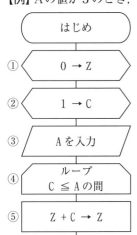

① 変数Zに初期値0を代入する。

② 変数Cに初期値1を代入する。

③ 変数Aに3を代入する。

④ C≦A（1≦3）の結果，ループの処理を行う。

⑤ 0＋1の計算結果1を変数Zに代入する。

⑥ 1＋1の計算結果2を変数Cに代入する。

⑦ ループ始端に戻る。

④ C≦A（2≦3）の結果，ループの処理を行う。

⑤ 1＋2の計算結果3を変数Zに代入する。

⑥ 2＋1の計算結果3を変数Cに代入する。

⑦ ループ始端に戻る。

④ C≦A（3≦3）の結果，ループの処理を行う。

⑤ 3＋3の計算結果6を変数Zに代入する。

⑥ 3＋1の計算結果4を変数Cに代入する。

⑦ ループ始端に戻る。

④ C≦A（4≦3）の結果，ループの処理を終える。

⑧ 変数Zの値である6を表示する。

▼トレース表

	Z	C	A	
①	0			
②	0	1		
③	0	1	3	
④	0	1	3	C≦A→YES
⑤	1	1	3	
⑥	1	2	3	
⑦	1	2	3	ループに戻る
④	1	2	3	C≦A→YES
⑤	3	2	3	
⑥	3	3	3	
⑦	3	3	3	ループに戻る
④	3	3	3	C≦A→YES
⑤	6	3	3	
⑥	6	4	3	
⑦	6	4	3	ループに戻る
④	6	4	3	C≦A→NO
⑧	6	4	3	

問1 次の説明文に最も関係の深い語を解答群から選び，記号で答えなさい。

1. 条件に対して，真または偽の2つの値を入力して，真または偽の1つの値を出力する演算。電子回路に用いる。
2. プログラム中で，処理の流れによって変化する値を記憶する場所やその名前。
3. 処理手順にしたがい，変数の値の変化を確認する作業。
4. 条件によって処理を分岐する手続きの基本構造。
5. 処理を行う回数や条件を定めて，同じ処理を何回も行う基本構造。

─ 解答群 ─

ア．トレース	イ．順次	ウ．選択	エ．算術演算
オ．流れ図	カ．フローチャート	キ．変数	ク．繰り返し
ケ．定数	コ．論理演算		

1		2		3		4		5	

問2 流れ図にしたがって処理するとき，次の(1)(2)に答えなさい。なお，入力する値は自然数とする。

(1) Kの値が14，Mの値が5のとき，トレース表①の続きを完成させ，出力されるSの値を答えなさい。

(2) Kの値が19，Mの値が20のとき，トレース表②を作成し，出力されるSの値を答えなさい。

＜流れ図＞

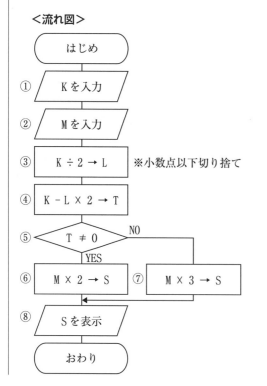

※小数点以下切り捨て

▼トレース表①

	K	M	L	T	S	
①	14					
②	14	5				
③	14	5	7			
④	14	5	7			
⑤	14	5	7			T ≠ 0→No
⑦	14	5	7			
⑧	14	5	7			

▼トレース表②

	K	M	L	T	S	

(1)		(2)	

問3 流れ図にしたがって処理するとき，次の(1)(2)に答えなさい。なお，入力する値は自然数とする。

(1) aの値が3，bの値が5のとき，トレース表の※の値を答えなさい。

(2) aの値が3，bの値が5のとき，トレース表を完成させ，出力されるxの値を答えなさい。

<流れ図>

```
        はじめ

①     0 → x

②     a を入力

③     b を入力

④     ループ
     0 ＜ a の間

⑤   a + 3 × b → n

⑥     b + 1 → b

⑦     x + n → x

⑧     a - 1 → a

⑨     ループ

⑩     x を表示

        おわり
```

▼トレース表

	x	a	b	n	
①	0				
②	0	3			
③	0	3	5		
④	0	3	5		0＜a→YES
⑤	0	3	5	18	
⑥	0	3	6	18	
⑦	18	3	6	18	
⑧	18	2	6	18	
⑨	18	2	6	18	ループに戻る
④	18	2	6	18	0＜a→YES
⑤	18	2	6	※	
⑥	18	2	7	※	
⑦		2	7	※	
⑧		1	7	※	
⑨		1	7	※	ループに戻る
④		1	7	※	0＜a→YES
⑤		1	7		

(1)		(2)	

問4 流れ図にしたがって処理するとき，次の(1)〜(4)に答えなさい。なお，入力する値は101から999の整数とする。

(1) cの値が318のとき，出力されるrの値を答えなさい。
(2) cの値が126のとき，出力されるrの値を答えなさい。
(3) cの値が739のとき，出力されるrの値を答えなさい。
(4) cの値が321のとき，出力されるrの値を答えなさい。

＜流れ図＞

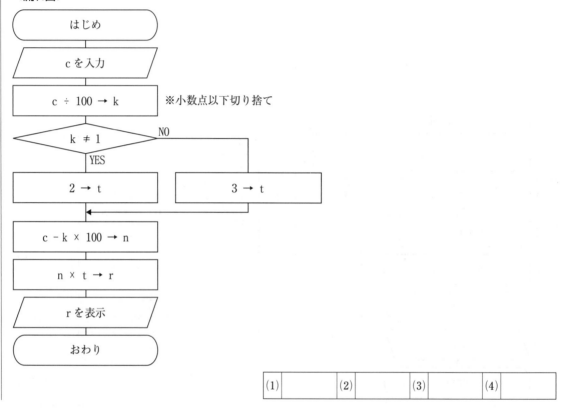

(1)		(2)		(3)		(4)	

問5 流れ図にしたがって処理するとき，次の(1)～(4)に答えなさい。なお，入力する値は自然数とする。

(1) cの値が15のとき，出力されるpの値を答えなさい。
(2) cの値が72のとき，出力されるpの値を答えなさい。
(3) cの値が834のとき，(ア)で2回目に出力されるcの値を答えなさい。
(4) cの値が834のとき，出力されるpの値を答えなさい。

＜流れ図＞

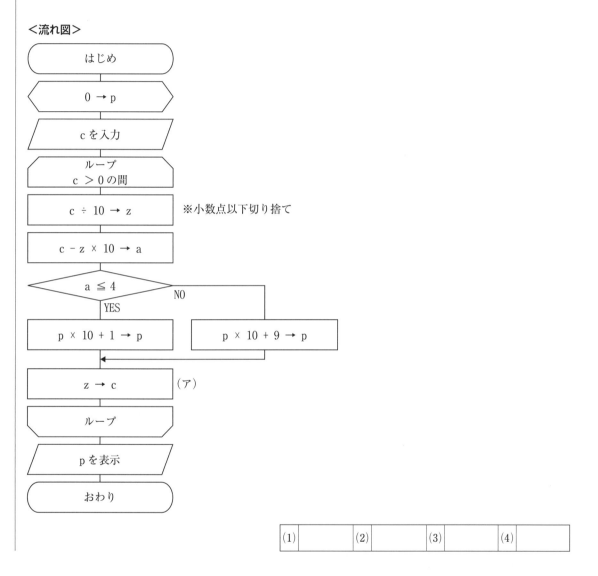

(1)		(2)		(3)		(4)	

さくいん

ま 行

や 行

ら 行

わ 行

●写真提供（五十音順）
エプソン，株式会社デンソーウェーブ，株式会社バッファロー

学習と検定
全商情報処理検定テキスト
３級

表紙デザイン
エッジ・デザインオフィス

○編　者――実教出版編修部
○発行者――小田　良次
○印刷所――株式会社広済堂ネクスト

○発行所―実教出版株式会社
〒102-8377
東京都千代田区五番町５
電話〈営業〉(03) 3238-7777
〈編修〉(03) 3238-7332
〈総務〉(03) 3238-7700
https://www.jikkyo.co.jp/

002402022　ISBN978-4-407-35503-1

情報処理検定3級 間違えやすい用語 **Q&A**

ROMとRAMは何が違うの？	**ROM** (Read Only Memory) Read Onlyの意味は「読むだけ」。 **特徴** 読むことだけしかできない性格のメモリ。ゲームプログラムなど，書き換えられては困るものを記憶します。	**RAM** (Random Access Memory) Randomの意味は「でたらめに」，「いきあたりばったり」。 **特徴** 読むもよし，書くもよしな性格のメモリ。ただし，電源を切るとデータがすべて消えてしまいます。

いまさら聞けない…2進数って何？

私たちはふつう0〜9の10進数で表現しますが，コンピュータは0と1のみで表現します。

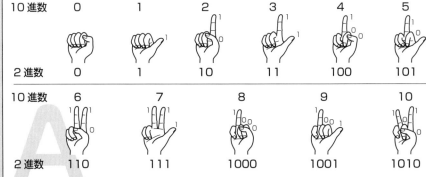

USBはわかるけれど，Bluetooth，HDMIの違いって何？

USBは多くの機器に普及しています。net.USBを差し込むと地上ディジタルテレビ放送の視聴やキーボード，プリンタ，ハードディスク，DVDが無線で利用できます。USBさえあれば，さまざまな周辺装置とデータのやりとりができますが，他の規格にも違った長所があります。最近の携帯端末にはBluetoothの機能が備わっているので，確認してみましょう。

Bluetooth	**HDMI** (High-Definition Multimedia Interface)
電波を利用した無線の規格。 **特徴** 消費電力が少なくてすみ，電池が長持ちするので，マウスなどの周辺機器に利用されています。	音声や映像などの信号の出入力用の規格。 **特徴** 1本のケーブルでまとめてデータを送受信できます。以前はスマートフォンの画面をテレビに映し出すときに使われていましたが，最近は使用されていません。

**単位が苦手です…①
ms・μs・ns・ps・fsの，遅い・速いの順番は？**

ms(ミリセカンド)・μs(マイクロセカンド)・ns(ナノセカンド)・ps(ピコセカンド)・fs(フェムトセカンド)のsはセカンド(second)，つまり秒のことです。速さの単位を1,000分の1秒単位で表現しています。

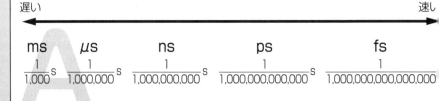

学習と検定
全商情報処理検定テキスト
3級

解答編

年　　　組　　　番

実教出版

Part Ⅱ　Excel編

筆記練習1（p.21）

1	ケ	2	カ	3	キ	4	ア	5	エ

筆記練習2（p.21）

(1)	エ	(2)	ク	(3)	カ	(4)	オ	(5)	ア

筆記練習3（p.38〜39）

(1)	ウ	(2)	イ	(3)①	38	②	ウ
(4)	ウ	(5)	イ	(6)	ア		

筆記練習4（p.50）

(1)①	コ	②	エ	③	ケ	④	ク	⑤	イ
(2)①	ア	②	ウ	③	ウ				

実技練習1（p.51）

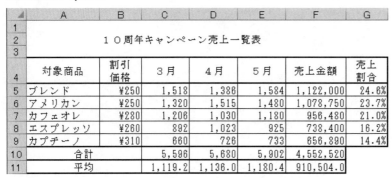

[計算式]　F5　=B5*(C5+D5+E5)

C10 =C5+C6+C7+C8+C9 または =SUM(C5:C9)

C11 =C10/5

G5　=F5/$F$10

実技練習 2（p.56）

	A	B	C	D	E
1					
2		設置者別スポーツ施設数			
3					
4	区分	都道府県	市・区	町・村・組合	平均
5	陸上競技場	121	425	374	306.7
6	野球場	314	3,503	2,272	2,029.7
7	球技場	139	498	206	281.0
8	多目的運動場	223	2,378	3,487	2,029.3
9	プール	373	2,376	2,131	1,626.7
10	体育館	239	2,333	3,305	1,959.0
11	テニス場	272	2,295	2,713	1,760.0
12	その他	1,416	6,726	10,022	6,054.7
13	合計	3,097	20,534	24,510	

[計算式]　E5　=AVERAGE(B5:D5)

　　　　　B13　=SUM(B5:B12)

筆記練習 5（p.56）

問1	オ	問2	イ

実技練習 3（p.60）

	A	B	C	D	E
1					
2		学力テスト結果集計表			
3					
4	氏名	情報処理	簿記	ビジネス基礎	合計
5	山本　由希	97	100	95	292
6	鈴木　遙	82	72	100	254
7	秋田　みづき	75	66	73	214
8	大神　夢佳	100	98	57	255
9	宮本　琴音	88	95	99	282
10	平均	88.4	86.2	84.8	259.4
11	最大	100	100	100	292
12	最小	75	66	57	214

[計算式]　E5　=SUM(B5:D5)

　　　　　B10　=AVERAGE(B5:B9)

　　　　　B11　=MAX(B5:B9)

　　　　　B12　=MIN(B5:B9)

筆記練習 6（p.61）

問1	ア	問2	イ	問3	カ

＜解説＞問3の「最高記録」はもっとも短い時間を求めているため，MINを用いる。

実技練習4（p.65）

	A	B	C	D	E	F	G
1							
2		ボウリング大会スコア一覧表					
3							（単位：点）
4	選手名	第1回	第2回	第3回	第4回	第5回	合計
5	青木　一郎	120	125	145	120	96	606
6	尾崎　義男	125	156	96	棄権	145	522
7	倉本　正治	140	棄権	125	147	163	575
8	佐々木　政治	102	120	147	163	124	656
9	中島　丈治	100	99	196	146	138	679
10	藤木　次郎	95	125	156	棄権	178	554
11	湯原　賢治	100	130	96	124	120	570
12	平均点	112	126	137	140	138	595
13	最高点	140	156	196	163	178	679
14	最低点	95	99	96	120	96	522
15							
16	選手数	7				（単位：人）	
17	競技者数	7	6	7	5	7	

［計算式］　G5　=SUM(B5:F5)

B12 =AVERAGE(B5:B11)

B13 =MAX(B5:B11)

B14 =MIN(B5:B11)

B16 =COUNTA(A5:A11)

B17 =COUNT(B5:B11)

筆記練習7（p.66）

問1	イ	問2	エ	問3	キ	問4	ケ	問5	オ

実技練習5（p.70）

	A	B	C	D	E
1					
2		結婚資金の捻出方法			
3				単位：万円	
4	項目	新郎	新婦	合計	備考
5	親からの援助	126.7	150.7	277.4	
6	親からの借り入れ	9.9	4.8	14.7	○
7	お祝い	117.1	103.6	220.7	○
8	本人負担	202.1	49.5	251.6	○
9	受け取った結納金	10.7	71.3	82	
10	その他	1.4	1.8	3.2	
11	合計	467.9	381.7	849.6	
12	最大	202.1	150.7	277.4	
13	最小	1.4	1.8	3.2	

［計算式］　D5　=SUM(B5:C5)

E5　=IF(B5>C5,"○","")

B11 =SUM(B5:B10)

B12 =MAX(B5:B10)

B13 =MIN(B5:B10)

筆記練習8（p.71）

問1	ア	問2	ウ	問3	カ	問4	ケ	問5	コ

実技練習6 (p.74)

	A	B	C	D	E	F	G	H
1								
2		広告費の推移						
3					単位：億円			
4	媒体	15年前	10年前	5年前	今年	伸び率	増減率	割合
5	テレビ等マスコミ	35,035	39,707	37,408	27,749	79.3%	-20.7%	47.5%
6	プロモーションメディア	19,070	20,539	26,563	22,147	116.2%	16.1%	37.9%
7	衛星メディア	158	266	487	784	496.3%	396.2%	1.3%
8	インターネット	60	590	3,777	7,747	12911.7%	12811.6%	13.3%
9	合計	54,323	61,102	68,235	58,427			

[計算式]　B9　=SUM(B5:B8)

　　　　　　F5　=ROUNDUP(E5/B5,3)

　　　　　　G5　=ROUNDDOWN(E5/B5-1,3)

　　　　　　H5　=ROUND(E5/$E$9,3)

筆記練習9 (p.75)

問1	ア	問2	エ	問3	コ	問4	オ	問5	シ

実技練習7 (p.78)

	A	B	C	D	E	F	G	H
1								
2		エリート水泳クラブ入部テスト						
3								
4	氏名	バタフライ	背泳ぎ	平泳ぎ	クロール	合計タイム	順位	備考
5	鈴木　一郎	31.5	38.4	35.6	29.4	134.9	7	
6	佐藤　次郎	30.9	35.6	35.8	28.5	130.8	4	
7	斉藤　三郎	32.5	34.7	34.9	29.4	131.5	5	
8	高橋　史郎	31.8	33.9	33.5	28.4	127.6	2	合格
9	太田　五郎	31.4	34.7	32.8	28.4	127.3	1	合格
10	佐々木　太郎	30.8	35.9	32.9	29.1	128.7	3	合格
11	後藤　純一郎	33.7	34.7	34.1	29.3	131.8	6	
12					合計	912.6		
13					受験者数	7		
14					平均	130.4		
15					最高タイム	127.3		

[計算式]　F5　=SUM(B5:E5)

　　　　　　G5　=RANK(F5,$F$5:$F$11,1)

　　　　　　F12　=SUM(F5:F11)

　　　　　　F13　=COUNTA(A5:A11)

　　　　　　F14　=ROUND(F12/F13,1)

　　　　　　F15　=MIN(F5:F11)

　　　　　　H5　=IF(F5<$F$14,"合格","")

筆記練習10 (p.79)

問1	カ	問2	エ	問3	ク	問4	ア

実技練習8（p.81）

	A	B	C	D	E	F	G	H	I
1									
2		主な秋の連続ドラマ星取り表							
3					星の数				
4	作品名	A記者	B記者	C記者	A記者	B記者	C記者	合計	順位
5	ＭＯＮＳＯＯＮ	☆☆☆	☆	☆☆☆	3	1	3	7	6
6	ＴＯＫＩＯエアポート	☆☆☆	☆☆☆☆	☆☆☆	3	4	3	10	4
7	結婚したい	☆☆☆	☆☆	☆☆☆☆	3	2	4	9	5
8	ゴーゴーホーム	☆☆☆☆	☆☆☆☆☆	☆☆☆	4	5	3	12	2
9	善夢くん	☆☆☆☆	☆☆☆	☆☆☆☆☆	4	3	5	12	2
10	ドクターＺ	☆☆	☆☆	☆	2	2	1	5	7
11	早咲きのヒマワリ	☆☆☆☆☆	☆☆☆☆☆☆	☆☆☆☆☆	5	6	5	16	1
12				最大	5	6	5	16	
13				最小	2	1	1	5	

[計算式]　E5　=LEN(B5)

　　　　　H5　=SUM(E5:G5)

　　　　　I5　=RANK(H5,$H$5:$H$11,0)

　　　　　E12　=MAX(E5:E11)

　　　　　E13　=MIN(E5:E11)

筆記練習11（p.81）

ウ

実技練習9（p.85）

	A	B	C	D	E
1					
2		売上一覧表			
3					
4	売上コード	日	商品コード	商品名	売上数量
5	11A107	11	A	冷蔵庫	107
6	16B250	16	B	洗濯機	250
7	19B256	19	B	洗濯機	256
8	20A119	20	A	冷蔵庫	119
9	22A157	22	A	冷蔵庫	157
10	25B194	25	B	洗濯機	194
11	28A367	28	A	冷蔵庫	367
12	29B207	29	B	洗濯機	207
13	30B119	30	B	洗濯機	119

[計算式]　B5　=LEFT(A5,2)

　　　　　C5　=MID(A5,3,1)

　　　　　D5　=IF(C5="A","冷蔵庫","洗濯機")

　　　　　E5　=RIGHT(A5,3)

筆記練習12（p.85）

ア

筆記練習13（p.89）

イ

実技練習10 (p.93)

	A	B	C	D	E
1					
2		冬季中華まん売上集計表			
3					
4		集計コード	商品コード	商品名	売上高
5		256870N	N	肉まん	256,870
6	12月	247890P	P	ピザまん	247,890
7		099850A	A	あんまん	99,850
8		336840N	N	肉まん	336,840
9	1月	289860P	P	ピザまん	289,860
10		102740A	A	あんまん	102,740
11		401590N	N	肉まん	401,590
12	2月	399870P	P	ピザまん	399,870
13		199830A	A	あんまん	199,830
14				平均売上高	259,483

[計算式]　C5　=RIGHT(B5,1)

D5　=IF(C5="N","肉まん",IF(C5="P","ピザまん","あんまん"))

E5　=VALUE(LEFT(B5,6))

E14　=ROUNDUP(AVERAGE(E5:E13),0)

筆記練習14 (p.93)

イ

＜解説＞アのRANKは，昇順の1番目，つまりもっとも得点が低いことを示す。
ウのMINも同様。

編末トレーニング

■ (p.122)

問1	ア	問2	ウ	問3	カ	問4	ク	問5	ケ

② (p.123)

問1	イ	問2	ウ	問3	カ	問4	ク	問5	コ

③ (p.124)

問1	イ	問2	ウ	問3	キ	問4	ク	問5	サ

④ (p.125)

問1	ア	問2	ウ	問3	オ	問4	キ	問5	コ

5 (p.126〜127)

8月における主要商品売上一覧表

1. 売上数一覧表

商品コード	商品名	種類コード	種類	第1週	第2週	第3週	第4週	合計	平均
350C	餃子	C	中華	745	781	875	920	3,321	830.2
600C	ラーメン	C	中華	1,021	783	1,209	1,732	4,745	1,186.2
650Y	ビーフカレー	Y	洋食	635	1,058	612	765	3,070	767.5
670W	焼き鯖すし	W	和食	440	457	589	590	2,076	519.0
800Y	ミックスピザ	Y	洋食	298	263	329	340	1,230	307.5
850Y	ドリア	Y	洋食	489	345	508	543	1,885	471.2
950C	エビチリ	C	中華	167	474	285	312	1,238	309.5
980W	天ぷら	W	和食	329	206	309	276	1,120	280.0

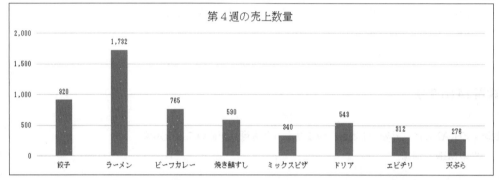

2. 売上金額一覧表

商品コード	商品名	単価	第1週	第2週	第3週	第4週	最小売上	最大売上	順位
350C	餃子	350	260,750	273,350	306,250	322,000	260,750	322,000	7
600C	ラーメン	600	612,600	469,800	725,400	1,039,200	469,800	1,039,200	1
650Y	ビーフカレー	650	412,750	687,700	397,800	497,250	397,800	687,700	2
670W	焼き鯖すし	670	294,800	306,190	394,630	395,300	294,800	395,300	5
800Y	ミックスピザ	800	238,400	210,400	263,200	272,000	210,400	272,000	8
850Y	ドリア	850	415,650	293,250	431,800	461,550	293,250	461,550	3
950C	エビチリ	950	158,650	450,300	270,750	296,400	158,650	450,300	4
980W	天ぷら	980	322,420	201,880	302,820	270,480	201,880	322,420	6

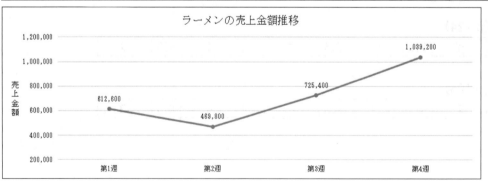

[計算式]   D6   =RIGHT(B6,1)

            E6   =IF(D6="C","中華",IF(D6="Y","洋食","和食"))

            J6   =SUM(F6:I6)

            K6   =ROUNDDOWN(AVERAGE(F6:I6),1)

            D29 =VALUE(LEFT(B29,3))

            E29 =F6*$D29

            I29   =MIN(E29:H29)

            J29 =MAX(E29:H29)

            K29 =RANK(J29,$J$29:$J$36,0)

[集合縦棒グラフ範囲]   C6～C13, I6～I13

[折れ線グラフ範囲]   E28～H28, E30～H30

6 (p.128〜129)

マグロ水揚げ量の推移

1. マグロ種類別月間水揚げ量　　　　　　　　　　　　　　　　　　単位：トン

種類	区分	10月	11月	12月	1月	2月	3月	合計	平均
本マグロ	生鮮	164	60	62	165	93	82	626	104
本マグロ	冷凍	594	123	363	453	325	281	2,139	357
ビンナガ	生鮮	498	1,106	1,685	2,266	2,917	2,808	11,280	1,880
ビンナガ	冷凍	393	282	669	481	390	452	2,667	445
めばち	生鮮	480	831	635	294	179	199	2,618	436
めばち	冷凍	1,527	989	1,879	1,357	1,754	1,735	9,241	1,540
キハダ	生鮮	306	472	248	350	614	649	2,639	440
キハダ	冷凍	1,213	2,696	1,521	396	982	766	7,574	1,262
	生鮮合計	1,448	2,469	2,630	3,075	3,803	3,738		
	冷凍合計	3,727	4,090	4,432	2,687	3,451	3,234		
	備考				○	○	○		

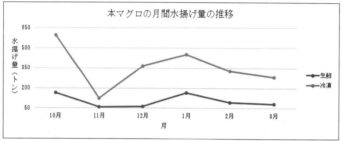

2. 3月の漁港別マグロ水揚げ量　　　　　　単位：トン

漁港名	生鮮水揚げ量	冷凍水揚げ量	生鮮・冷凍合計	割合
勝浦（和歌山）	1,633	なし	1,633	23.4%
焼津	0	1,475	1,475	21.1%
清水	なし	824	824	11.8%
銚子	651	なし	651	9.3%
三崎	10	561	571	8.1%
その他	1,444	374	1,818	26.0%
合計	3,738	3,234	6,972	
最大	1,633	1,475	1,633	
最小	0	561	571	
取り扱い漁港数	4	3		

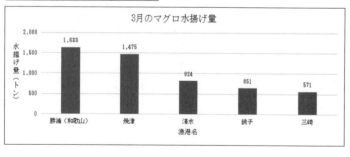

[計算式]　J6　=SUM(D6:I6)　　　　　K6　=AVERAGE(D6:I6)　　　　D14　=D6+D8+D10+D12

　　　　　D15　=D7+D9+D11+D13　　D16　=IF(D14>=D15,"○","")　　E31　=SUM(C31:D31)

　　　　　C37　=SUM(C31:C36)　　　C38　=MAX(C31:C35)　　　　　C39　=MIN(C31:C35)

　　　　　C40　=COUNT(C31:C35)　　F31　=ROUNDDOWN(E31/$E$37,3)

[並べ替え範囲]　B30〜F35　[先頭行をデータの見出しとして使用する]にチェックを入れる。

　　　　　　　[列　最優先されるキー]：生鮮・冷凍合計　[順序]：大きい順

[折れ線グラフ範囲]　C5〜I7

[集合縦棒グラフ範囲]　B31〜B35，E31〜E35

	A	B	C	D	E	F	G	H	I
1									
2				新エネルギーの発電量分析（2月）					
3									
4		1．新エネルギー種類別発電量					単位：kW		
5		種類	発電所数	最大出力	発電量	使用率	1カ所あたりの発電量	備考	
6		バイオマス発電	85	2,817,753	1,595,755	56.7%	18,773	○	
7		太陽光発電	2,775	12,171,626	1,296,524	10.7%	467		
8		風力発電	344	3,795,009	905,658	23.9%	2,632		
9		廃棄物発電	62	986,350	289,329	29.4%	4,666	△	
10		地熱発電	16	468,890	170,243	36.4%	10,640	△	
11		合計	3,282	20,239,628	4,257,507				
12		平均	656.4	4,047,925.6	851,501.4				

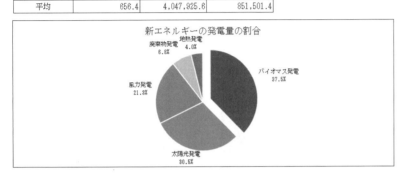

新エネルギーの発電量の割合

	A	B	C	D	E	F	G	H	I
26		2．地域別発電量						単位：kW	
27		地域	風力発電	太陽光発電	地熱発電	バイオマス発電	廃棄物発電	合計	順位
28		北海道	120,543	76,558	8,325	150,240	28,715	384,381	7
29		東北	410,330	217,004	62,968	287,578	30,278	1,008,158	1
30		関東	18,180	277,574	0	213,156	96,198	605,108	3
31		中部	81,998	127,188	0	227,356	37,861	474,403	4
32		近畿	79,667	175,585	0	114,730	29,988	399,950	6
33		中国	58,067	150,391	0	175,363	17,866	401,687	5
34		四国	45,008	38,986	0	162,701	27,408	274,103	8
35		九州・沖縄	91,859	233,258	98,950	264,628	21,014	709,709	2

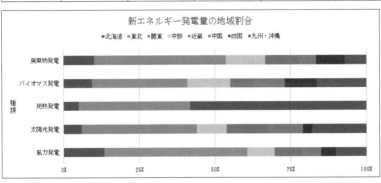

新エネルギー発電量の地域割合

■北海道 ■東北 ■関東 ■中部 ■近畿 ■中国 ■四国 ■九州・沖縄

種類：廃棄物発電、バイオマス発電、地熱発電、太陽光発電、風力発電

[計算式]　F6　=ROUNDUP(E6/D6,3)　　　　　G6　=ROUNDDOWN(E6/C6,0)

　　　　　H6　=IF(F6>=0.5,"○",IF(F6>=0.25,"△",""))

　　　　　C11　=SUM(C6:C10)　　　　　C12　=ROUND(AVERAGE(C6:C10),1)

　　　　　H28　=SUM(C28:G28)　　　　　I28　=RANK(H28,$H$28:$H$35,0)

[並べ替え範囲]　B5〜H10　［先頭行をデータの見出しとして使用する］にチェックを入れる。

　　　　　　　　　［列　最優先されるキー］：発電量　［順序］：大きい順

[円グラフ範囲]　B6〜B10，E6〜E10

[100％積み上げ縦棒グラフ範囲]　B27〜G35　［データの選択］から［行/列の切り替え］を行う。

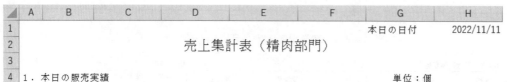

売上集計表（精肉部門）

本日の日付　2022/11/11

1．本日の販売実績

単位：個

販売コード	温度区分	販売区分コード	販売区分	種類・部位	販売数量	売上金額
A1250	冷凍	1	新規	豚バラ	482	120,500
B2300	冷蔵	2	継続	牛コマ	504	151,200
A2500	冷凍	2	継続	牛モツ	438	219,000
B1150	冷蔵	1	新規	豚肩ロース	926	138,900
A1100	冷凍	1	新規	牛テール	823	82,300

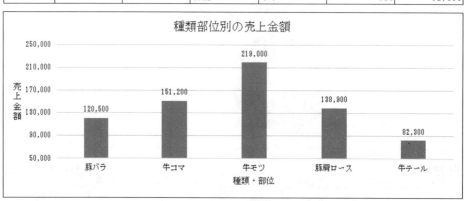

2．売上金額累計（2ヶ月分）

単位：円

店舗名	新規件数	継続件数	売上金額	平均売上金額	割合（％）
東京店	18	70	215,609	2,450.1	8
千葉店	51	23	443,494	5,993.2	16
埼玉店	50	18	437,022	6,426.8	16
神奈川店	17	87	969,432	9,321.5	35
群馬店	97	90	673,011	3,599.0	25
合計	233	288	2,738,568	27,790.5	

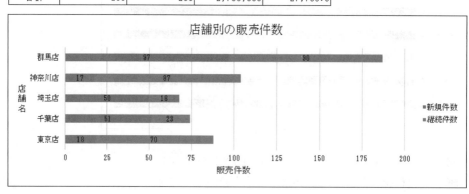

[計算式]　C6　=IF(LEFT(B6,1)="A","冷凍","冷蔵")　　　　D6 =VALUE(MID(B6,2,1))

　　　　　　　E6　=IF(D6=1,"新規","継続")　　　　　　　　　H6 =VALUE(RIGHT(B6,3))*G6

　　　　　　　F26　=E26/SUM(C26:D26)　　　　　　　　　　　G26=ROUND(E26/$E$31*100,0)

　　　　　　　C31　=SUM(C26:C30)

[集合縦棒グラフ範囲]　F6〜F10，H6〜H10

[積み上げ横棒グラフ範囲]　B25〜D30

9 (p.134～135)

スーパーマーケット売上報告書（日報）

1．時間帯別売れ筋商品売上数　　　　　　　　　　　　　　　　　　　　　単位：個

商品名	10:00	12:00	14:00	16:00	18:00	20:00	合計	割合（％）	欠品時間帯数
うまい牛乳	13	35	欠品	121	80	欠品	249	23.7	2
超小粒納豆	28	20	30	72	53	15	218	20.8	0
とろチーズ	欠品	欠品	27	35	23	12	97	9.2	2
絹夫人	欠品	35	63	112	欠品	欠品	210	20.0	3
パワー玉子	65	32	49	40	60	30	276	26.3	0
時間帯合計	106	122	169	380	216	57	1,050		
時間帯平均	35.3	30.5	42.2	76.0	54.0	19.0	210.0		

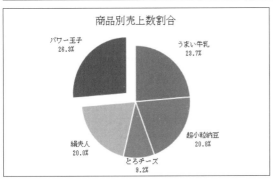

商品別売上数割合

パワー玉子 26.3%
うまい牛乳 23.7%
超小粒納豆 20.8%
とろチーズ 9.2%
絹夫人 20.0%

2．部門別目標達成率　　　　　　　　　　単位：円

部門	目標金額	売上金額	達成率	備考
グロサリー	200,000	181,002	90.6%	
精肉	200,000	194,573	97.3%	
鮮魚	180,000	203,707	113.2%	○
日配	300,000	265,832	88.7%	
青果	250,000	336,123	134.5%	○
最大	300,000	336,123		
最小	180,000	181,002		

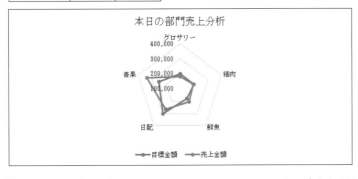

本日の部門売上分析

グロサリー
400,000
300,000
200,000
100,000
青果　精肉
日配　鮮魚
━●━目標金額　━●━売上金額

[計算式]

I6 `=SUM(C6:H6)`

J6 `=ROUND(I6/$I$11*100,1)`

K6 `=COUNTA(C6:H6)-COUNT(C6:H6)`

C11 `=SUM(C6:C10)`

C12 `=ROUNDDOWN(AVERAGE(C6:C10),1)`

C33 `=MAX(C28:C32)`

C34 `=MIN(C28:C32)`

E28 `=ROUNDUP(D28/C28,3)`

F28 `=IF(E28>=1,"○","")`

[並べ替え範囲] B27～F32 ［先頭行をデータの見出しとして使用する］にチェックを入れる。

［列　最優先されるキー］：売上金額　［順序］：小さい順

[円グラフ範囲] B6～B10，J6～J10

[レーダーチャートグラフ範囲] B27～D32

Part Ⅲ　知識編

筆記練習15（p.144～146）

問1	(1)	入力	(2)	記憶	(3)	演算	(4)	出力	(5)	制御
問2	1	イ	2	ケ	3	エ	4	ク	5	カ
問3	1	エ	2	イ	3	ケ	4	コ	5	キ
問4	1	ア	2	イ	3	ウ	4	ア	5	ウ
問5	1	エ	2	ア	3	キ	4	イ	5	コ
問6	1	イ	2	ア	3	ウ	4	ウ	5	イ

筆記練習16（p.149）

問1	1	ク	2	ア	3	ケ	4	ウ	5	カ
問2	1	カ	2	エ	3	ウ	4	イ	5	ケ

筆記練習17（p.155～156）

問1	1	カ	2	コ	3	ク	4	ウ	5	イ
問2	1	コ	2	イ	3	キ	4	エ	5	オ
問3	1	ウ	2	ア	3	イ	4	ウ	5	イ

問4	1	10	2	$0.01\,(10^{-2})$	3	10
	4	10	5	$0.1\,(10^{-1})$	6	$100\,(10^{2})$

問5	1	1100	2	100110	3	110101
	4	11	5	20	6	45

＜解説＞　問4　1.　$10,000\,\mu s = 10^{4}\,\mu s = 10^{4}\times10^{-6}s = 10^{-2}s = 10^{1}\times10^{-3}s = 10ms$

2.　$10fs = 10^{1}\times10^{-15}s = 10^{-14}s = 10^{-2}\times10^{-12}s = 0.01ps$

3.　$0.01ms = 10^{-2}ms = 10^{-2}\times10^{-3}s = 10^{-5}s = 10^{1}\times10^{-6}s = 10\,\mu s$

4.　$10,000KB = 10^{4}KB = 10^{4}\times10^{3}B = 10^{7}B = 10^{1}\times10^{6}B = 10MB$

5.　$100MB = 10^{2}MB = 10^{2}\times10^{6}B = 10^{8}B = 10^{-1}\times10^{9}B = 10^{-1}GB\,(0.1GB)$

6.　$0.1PB = 10^{-1}PB = 10^{-1}\times10^{15}B = 10^{14}B = 10^{2}\times10^{12}B = 100TB$

筆記練習18（p.159～160）

問1	1	コ	2	ア	3	ウ	4	エ	5	ク
問2	1	ケ	2	イ	3	ク	4	オ	5	ウ
問3	1	キ	2	コ	3	ケ	4	エ	5	イ
問4	1	ウ	2	ア	3	イ	4	ウ	5	イ

筆記練習19（p.164～165）

問1	1	ウ	2	オ	3	キ	4	コ	5	エ
問2	1	イ	2	キ	3	ア	4	コ	5	オ
問3	1	コ	2	オ	3	イ	4	キ	5	エ
問4	1	エ	2	ケ	3	イ	4	キ	5	オ

筆記練習20（p.172〜175）

問1	1	コ	2	キ	3	ア	4	ウ	5	ク
問2	(1)	15	(2)	40						
問3	(1)	20	(2)	60						
問4	(1)	36	(2)	78	(3)	78	(4)	42		
問5	(1)	91	(2)	19	(3)	8	(4)	119		

問2

▼トレース表①

	K	M	L	T	S	
①	14					
②	14	5				
③	14	5	7			
④	14	5	7	0		
⑤	14	5	7	0		T ≠ 0 → No
⑦	14	5	7	0	15	
⑧	14	5	7	0	15	

▼トレース表②

	K	M	L	T	S	
①	19					
②	19	20				
③	19	20	9			
④	19	20	9	1		
⑤	19	20	9	1		T ≠ 0 → YES
⑥	19	20	9	1	40	
⑧	19	20	9	1	40	

問3

▼トレース表

	x	a	b	n	
①	0				
②	0	3			
③	0	3	5		
④	0	3	5		0 < a → YES
⑤	0	3	5	18	
⑥	0	3	6	18	
⑦	18	3	6	18	
⑧	18	2	6	18	
⑨	18	2	6	18	ループに戻る
④	18	2	6	18	0 < a → YES
⑤	18	2	6	20	
⑥	18	2	7	20	
⑦	38	2	7	20	
⑧	38	1	7	20	
⑨	38	1	7	20	ループに戻る
④	38	1	7	20	0 < a → YES
⑤	38	1	7	22	
⑥	38	1	8	22	
⑦	60	1	8	22	
⑧	60	0	8	22	
⑨	60	0	8	22	ループに戻る
④	60	0	8	22	0 < a → No
⑩	60	0	8	22	

問4

(1)▼トレース表

c	k	t	n	r	
318					
318	3				
318	3	2			※k≠1(3≠1)→Yes
318	3	2	18		
318	3	2	18	36	

(2)▼トレース表

c	k	t	n	r	
126					
126	1				
126	1	3			※k≠1(1≠1)→No
126	1	3	26		
126	1	3	26	78	

(3)▼トレース表

c	k	t	n	r	
739					
739	7				
739	7	2			※k≠1(7≠1)→Yes
739	7	2	39		
739	7	2	39	78	

(4)▼トレース表

c	k	t	n	r	
321					
321	3				
321	3	2			※k≠1(3≠1)→Yes
321	3	2	21		
321	3	2	21	42	

問5

(1)▼トレース表

p	c	z	a	
0				
0	15			
0	15	1		
0	15	1	5	
9	15	1	5	a≦4(5≦4)→NO
9	1	1	5	(ア)1回目
9	1	0	5	
9	1	0	1	
91	1	0	1	a≦4(1≦4)→YES
91	0	0	1	(ア)2回目

(2)▼トレース表

p	c	z	a	
0				
0	72			
0	72	7		
0	72	7	2	
1	72	7	2	a≦4(2≦4)→YES
1	7	7	2	(ア)1回目
1	7	0	2	
1	7	0	7	
19	7	0	7	a≦4(7≦4)→NO
19	0	0	7	(ア)2回目

(3)(4)▼トレース表

p	c	z	a	
0				
0	834			
0	834	83		
0	834	83	4	
1	834	83	4	a≦4(4≦4)→YES
1	83	83	4	(ア)1回目
1	83	8	4	
1	83	8	3	
11	83	8	3	a≦4(3≦4)→YES
11	8	8	3	(ア)2回目
11	8	0	3	
11	8	0	8	
119	8	0	8	a≦4(8≦4)→NO
119	0	0	8	(ア)3回目